世界就业和社会展望

——2015 年趋势

国际劳工组织　著

中国财政经济出版社　组织翻译

中国财政经济出版社

本书英文版由国际劳工研究所（日内瓦）出版，书名为 World Employment and Social Outlook：Trends 2015

图书在版编目（CIP）数据

世界就业和社会展望：2015 年趋势 / 国际劳工组织著；中国财政经济出版社组织翻译. —北京：中国财政经济出版社，2016. 2

ISBN 978 - 7 - 5095 - 6587 - 2

Ⅰ. ①世…　Ⅱ. ①国…　②中…　Ⅲ. ①劳动就业 - 研究报告 - 世界 - 2015
Ⅳ. ①F249. 1

中国版本图书馆 CIP 数据核字（2015）第 312440 号

责任编辑：吴　敏　　　　　　责任校对：李　丽

中国财政经济出版社出版

URL：http：//www. cfeph. cn

E - mail：cfeph @ cfeph. cn

社址：北京市海淀区阜成路甲 28 号　邮政编码：100142

发行处电话：88190406　财经书店电话：64033436

北京富生印刷厂印刷　各地新华书店经销

880 × 1230 毫米　16 开　6 印张　170 000 字

2016 年 2 月第 1 版　2016 年 2 月北京第 1 次印刷

定价：38. 00 元

ISBN 978 - 7 - 5095 - 6587 - 2/F · 5299

图字：01 - 2015 - 8117

（图书出现印装问题，本社负责调换）

本社质量投诉电话：010 - 88190744

目　录

图

表

专栏

致　谢

《世界就业和社会展望——2015 年趋势》的筹划工作由国际劳工组织研究部就业友好宏观经济政策团队牵头，由艾克哈德·恩斯特负责。本项目由研究部主任雷蒙德·托雷斯和副主任穆扎木·马穆德负责监督。

本报告作者包括：弗拉基米尔·安德里亚诺夫、瓦里亚·伯姆珀拉、胡安·查卡尔塔纳、苏克提·达斯古魄他、马耳他·度达、艾克哈德·恩斯特、萨尔瓦·海达尔、理查德·霍恩、傅·胡恩、阿雅·杰法、萨摩尔·卡帝瓦达、金基范、史蒂凡·库恩、玛丽·卡瓦、刘新荣、松本田中、罗萨娜·梅罗拉、桑托·米拉什、迈克·姆瓦斯卡纳、维达·那拉什姆罕、伊莲娜·纳斯波洛娃、布拉卡什·帕萨科、克莱门特·皮尼亚蒂、达米安·罗氏、史蒂芬·托宾、雷蒙德·托雷斯、谢尔·韦力科、克里斯蒂昂·维也基拉。

在此，要特别感谢瓦利亚·伯姆珀拉、维达·那拉什姆罕、萨尔瓦·海达尔和朱迪·拉弗蒂。瓦利亚利用专门的计量经济学模型对全球和地区情况进行了估算；维达对地区工资进行了预测；萨尔瓦对此次研究提供了有益的帮助；朱迪对出版工作给予了很大帮助。如果没有就业友好宏观经济政策团队其他成员，特别是菲利普·布莱特和安妮·杜若嘉德的努力，本出版物将无法付梓。

在此，还要感谢政策副总干事桑德拉·波拉斯基和来自总干事办公室的詹姆士·霍华德，他们为本报告提供了宝贵的意见和建议。国际劳工组织区域与国家办公室和几个政策部门，尤其是社会保障部、部门活动部、工作与平等状况部，对成稿之前的几个版本均提出了宝贵的意见。我们借此机会对国际劳工组织传播和公共信息部的同事致以深深的谢意，他们一直配合我们宣传本出版物，并持续提供支持。

《世界就业和社会展望》在分析中采用了大量可获得的数据。国际劳工组织研究部想借此机会向参与收集和发布劳动力市场信息的所有机构，包括各国国家统计局和国际劳工组织数据统计部，表示感谢。

最后，国际货币基金组织研究部、联合国经济和社会事务部和世界银行预测局对本报告的早期版本进行了审阅，并提供了有益的意见，这让我们收益良多，我们在此一并致以谢意。

摘　要

就业再次出现动荡

世界经济继续以低于2008年全球金融危机爆发之前的速度增长，并且就业与社会差距巨大，难以弥合。要将就业水平和就业不足恢复至危机前水平目前看起来是一个非常艰巨的任务，这种局势会带来各种社会与经济风险。

因危机引发的全球就业差距进一步扩大

本报告指出，全球就业前景在未来5年将出现恶化。2014年全球失业人口超过2.01亿，比全球危机爆发前增加了3100万。2015年，全球失业人口预计将增加300万，并且在接下来4年内还将新增800万。

全球就业缺口衡量的是危机爆发以来所失去的岗位数，目前为6100万。如果将未来5年的新增的劳动力也纳入考量，那么，到2019年还要创造2.8亿个工作岗位才能应对危机造成的全球就业缺口。

青年，尤其是青年女性，仍不成比例地遭受失业的影响。2014年，青年求职者（15—24岁）接近7400万人。青年失业率实际是成年失业率的4倍。尽管受教育程度在提高，但青年失业率的上升在所有地区都是较为普遍的现象，从而激化了社会不满情绪。

一些发达经济体的就业情况正在改善，但多数欧洲国家仍处于困境之中……

不同地区的就业前景出现回暖。整体而言，发达经济体的就业情况正在复苏——尽管各国的差异巨大。日本、美国和一些欧洲国家的失业率正在下降，有时还回归至危机前的水平。在南欧，失业情况正在缓慢缓解，尽管之前失业率一直过高。

……而新兴和发展中经济体的就业情况则在恶化

相比之下，继一段时间的表现优于全球平均水平之后，一些中等收入和发展中地区与经济体的情况出现恶化，包括拉丁美洲和加勒比地区、中国、俄罗斯以及一些阿拉伯国家。尽管撒哈拉以南非洲的经济增长一直表现较好，但该地区的就业情况并未得到大幅改善。未来五年内，这些国家中的大多数的就业不足和非正规就业率预计将保持在高位。

如果油价保持2015年年初的大幅下跌态势，那么一些石油进口国的就业前景将会得到一定程度的改善。然而，这仍不可能抵消持续脆弱的不均衡复苏所带来的影响——在石油出口国，这种不均衡复苏将恶化。

因此，在新兴和发展中国家，弱势就业不再继续得到改善。未来两年内，弱势就业的发生率预计将维持在总就业的45%的水平，与危机前观察到的下跌现象恰好形成鲜明对比。2012 年以来，全球弱势就业工作者已经增加了 2700 万人，目前有 14.4 亿人。撒哈拉以南非洲和南亚在全球弱势就业人数的占比超过一半，在这些地区，4 个工作者中就有 3 个属于弱势就业。

同样地，减贫工作进展缓慢。到 2020 年前，14 个工作者中仍将有 1 个处于极度贫困之中。

收入不平等现象加剧，拖累全球经济与就业复苏

平均而言，在可获得数据的国家中，最富裕的 10% 的人口的收入占总收入的 30% —40% 。相反，最贫困的 10% 的人口的收入仅占总收入的 2% 左右。

虽然部分发达经济体的不平等状况历来远远低于发展中国家的水平，但在经济危机之后，一些发达经济体的收入不平等现象已经快速恶化，有些甚至已经接近部分新兴经济体的水平。总体而言，新兴与发展中经济体的不平等状况已得到改善，但仍比较严重，而且改善的速度也大幅放缓。

近年来中等技能常规工作的减少是造成这些情况的原因。与此同时，对技能阶梯上端和下端的工作的需求却在不断上升。因此，越来越多的受教育程度相对较高且过去一直从事中等技能工作的工作者现在不得不去竞争低技能岗位。这种职业变化塑造了就业模式，同时导致了过去 20 年间收入不平等现象的加剧。

除了少数例外情况之外，不平等现象的加剧还造成民众对政府的不信任感增强。在中东和北非，民众对政府的信心下降得尤其快，发达经济体、东亚和拉丁美洲也不例外。

如此规模的下降，特别是当这种下降还伴随着收入停滞或下跌，可能会引发社会动荡。本报告估计，随着失业情况的持续恶化，社会动荡已逐步加剧。社会动荡在全球危机爆发前趋于下降，但自危机爆发之后已逐步加剧。青年失业率高企或迅速上升的国家特别容易受到社会动荡的影响。

就业与社会前景可以改善

只要内在的主要弱点得到改善，这种动荡局势是可以改变的。正如国际劳工组织在分析中所着重指出的，需要通过包括完善的就业、收入、企业和社会政策在内的举措来提振总需求和企业投资。应重新调整信贷系统，以支持实体经济，特别是小企业。欧元区要坚决果断地改善自身的弱点。此外，还必须通过谨慎设计的劳动力市场与税收政策来解决严峻的不平等问题。

同时，还有空间应对持续存在的社会弱点，这些弱点与脆弱的就业复苏有关，特别是居高不下的青年失业、长期失业和工作者从劳动力市场退出，特别是女性的退出等问题。这意味着需要进行包容性劳动力市场改革，以支持劳动参与水平、促进就业平等并更新技能。

第一章
全球就业与社会发展

引言

金融与经济危机爆发六年后，全球经济陷入不温不火的增长阶段（参见图 1.1），其增速远低于危机前的趋势，且远不足以弥合危机引发的产出与就业缺口。各国的经济活动纷纷放缓，尤其是中欧和东南欧及独联体、东亚、东南亚和太平洋地区、拉丁美洲和加勒比地区以及北非。一些发达经济体和南亚、中东和撒哈拉以南非洲的经济出现了一定程度的增长，但还不足以抵消其他地区经济活动的放缓。

这些趋势进一步恶化了当前的脆弱局势，而且对多数想将就业水平和就业不充分恢复至危机前水平的国家而言，这也让这项工作变得难上加难。据国际货币基金组织预测，在未来两年内，全球经济增速将小幅增加，其部分原因是油价下跌以及一些发达经济体的金融状况的改善。但即便这些预测成为现实，从目前的政策来看，当前的就业与社会缺口也不可能得到大幅弥合。截至目前，全球的复苏程度主要得益于一些发达经济体、南亚和撒哈拉以南非洲的经济增长加速，但是由于总需求依旧缺乏以及与地缘政治风险、金融市场的无序调整、欧元区持续的经济停滞、不断恶化的不平等状况和劳动力增速放缓相关的结构性脆弱问题，全球经济复苏依然乏力。

本报告评估了近期全球经济放缓对就业和社会的影响，审视了这场始于2008年且持续几年的经济动荡所造成的长期社会经济后果。本章回顾了主要的劳动力市场与社会趋势，并对未来 5 年的趋势进行了预测。地区发展表明危机对各地区的影响存在显著差异，并揭示这些差异对实现持续就业增长的启示（第二章）。近期的经济放缓也让长期趋势和脆弱局势变得更加复杂——比如人口老龄化和不断变化的职业模式和技能需求。第三章进一步探究了其中的关联性。

图 1.1

全球经济增长及构成（年度百分比）

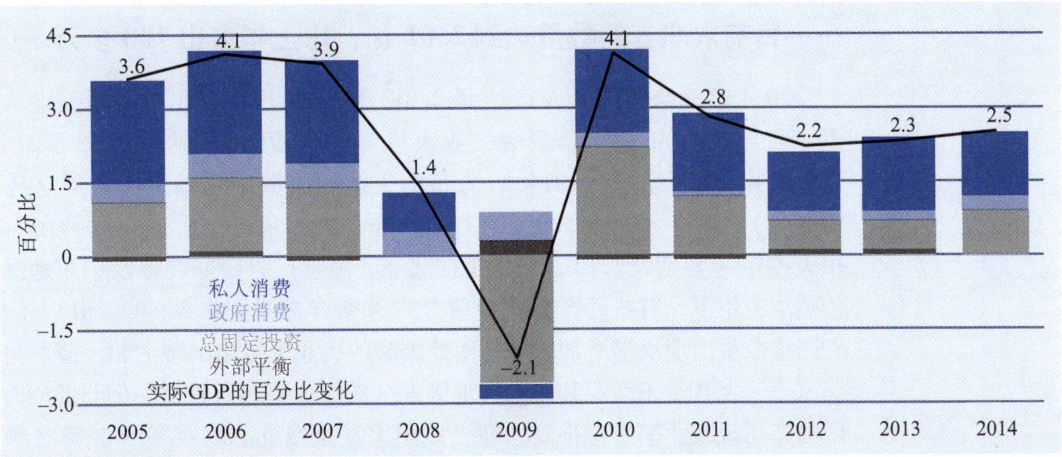

注：该图表明了全球经济增长（实线）以及不同需求构成对全球经济增长的贡献，并对 120 个国家提供的数据进行了解构。外部差额的效应源于不充分的国家覆盖。

资料来源：经济学人智库，2014 年 11 月。

第一节 劳动力市场趋势

需要创造超过 6100 万个工作岗位来应对危机造成的岗位缺口……

全球经济未能恢复至危机前趋势的产出水平，且工作岗位依然不足以弥合危机造成的岗位缺口。诚然，如果没有发生此次危机，2014 年所需的工作岗位要比预期少 6100 多万个（图 1.2）。岗位不足也同样反映在劳动力参与率上，因为很多工作者离开了劳动力市场，尽管劳动力参与率的下降已在近期得到稳定。

从 1991 年至 2007 年，全球就业率平均每年增长 1.7%。然而，在危机爆发后的 2007 年至 2014 年期间，就业增长率已降至每年 1.2%。以目前的趋势来看，随着劳动力的扩张，失业率将继续上升。从中期来看，未来岗位创造将继续以这一较低的增长率增长，从而造成 2019 年全球就业岗位缺口增至 8200 万个左右。如果考虑进入市场的新增劳动力，那么在未来 5 年内，将需要创造 2.8 亿个工作岗位才能应对危机造成的全球就业岗位缺口，并吸收新增劳动力。

图 1.2

全球就业岗位缺口，2001—2019 年

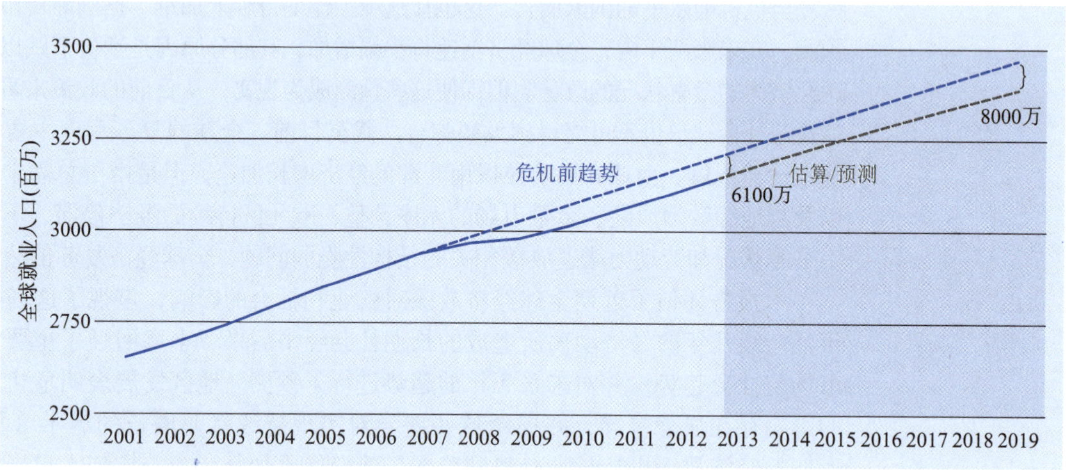

注：本图显示了全球就业情况的演变以及 2019 年前对全球就业情况的预测（实线和浅色线），并将其与 2008 年危机前对就业增长情况作出的预测（深色虚线）进行了比较。

资料来源：国际劳工组织，《趋势计量经济学模型》，2014 年 10 月。

……目前求职者的数量达到 2.01 亿，比上年多出 100 多万……

2014 年，全球失业人口达到 2.013 亿，与上年相比，新增失业人口为 120 万，而与 2007 年相比，新增失业人口为 3100 万（参见图 1.3，第一组；专栏 1.1 在国际劳工组织（2014a）公布的失业预测数据基础上探讨了这些预测数据的变化）。2014 年，近 5.9% 的劳动力处于失业状态，而这一比例在不同国家有很大差距（参见表 1.1）。尤其是在北非、撒哈拉以南非洲以及中东地区，失业率依然居高不下，有些甚至高达劳动力的 30%（参见图 1.3，第二组）。除了近几个月岗位数量出现小幅增加之外，南欧国家的失业率也未出现大幅下降。另外，亚洲国家——尤其是东南亚和太平洋地区——的失业率相对较低，但与此同时，这些地区的非正规就业率一直很高，在一些国家甚至接近总就业率的 85%（参见国际劳工组织，2012 年）。在发达经济体内，英国和美国的失业率大幅下降，而欧盟其他国家的失业率却出现小幅下降。在拉丁美洲和加勒比地区，由于全球经济放缓已开始拉低之前高企的岗位创造率，一些国家的失业率正不断上升。

图 1.3 全球失业情况，2014—2019 年

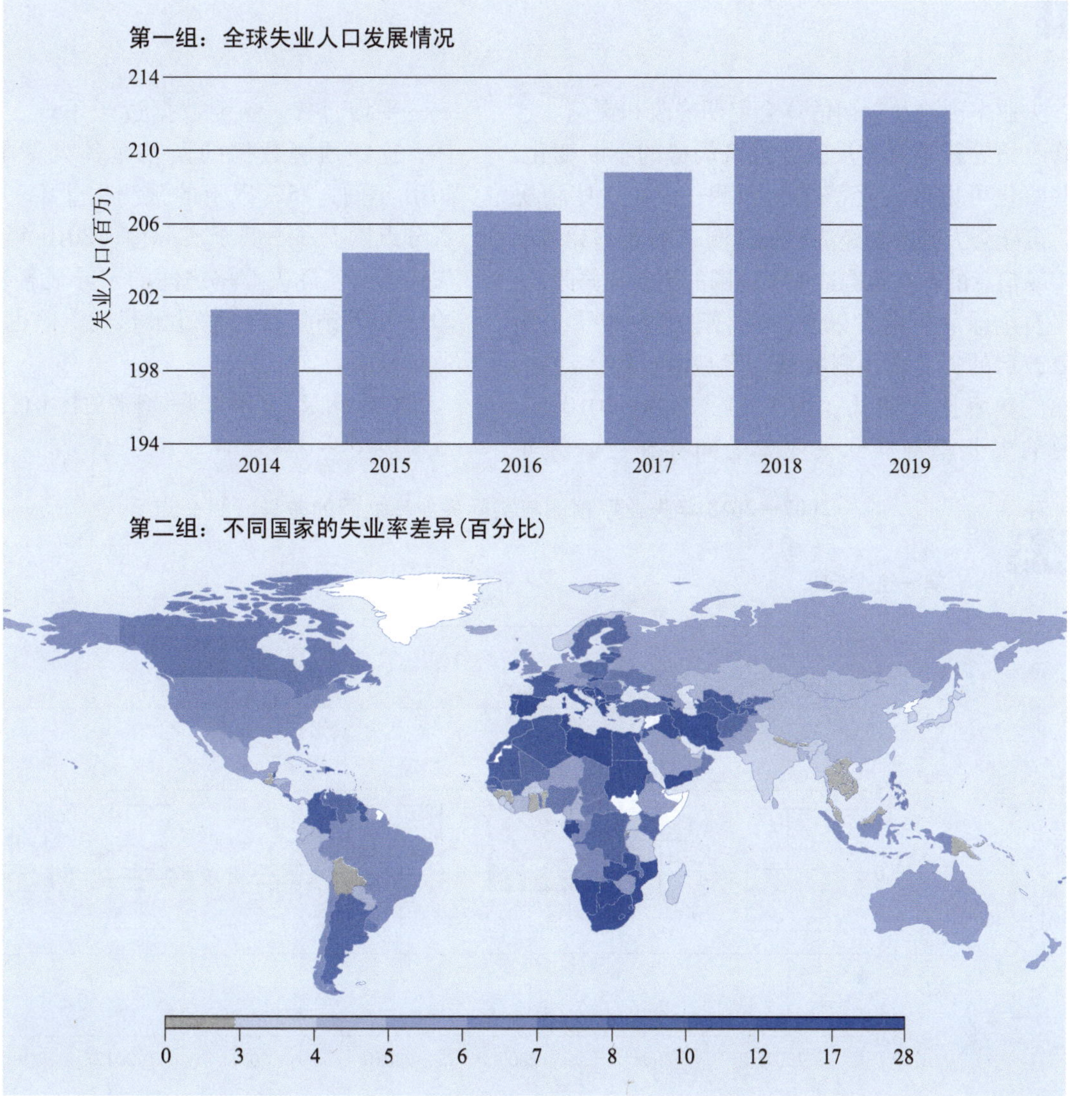

注：第一组是对 2014—2019 年全球失业率的估算和预测。全球失业率估算数据基于 178 个国家的样本数据。第二组是 2014 年各国（未对图中显示为白色的国家进行估算）的失业率（占劳动力的比例）估算。颜色越深表明失业率越高。

资料来源：国际劳工组织，《趋势计量经济学模型》，2014 年 10 月。

据预计，发达经济体，尤其是欧盟的失业率将逐步下降（参见表 1.1）。比如，在目前失业率依然高企的南欧国家，其失业率可能至少会出现一些程度的下降。相比较而言，随着越来越多的工作者从农村地区（这些地区普遍失业率较低）转移至城市，一些新兴的二十国集团成员国预计会出现失业率小幅升高。尤其是在东亚地区，到 2017 年，失业率预计将攀升至 5% 左右，比 2013 年高 0.5 个百分点。从全球来看，失业率在未来两年内预计将保持平衡，这表明二十国集团以外的多数其他新兴地区的失业率将保持稳定。但中东和北非的日子却依然不好过，其失业率仍将是全球最高的。虽然撒哈拉以南非洲的经济增长表现较好，且其经济复苏受全球经济低迷的影响较小，但在未来，其失业率不会出现大幅下降。

专栏 1.1

预测的失业率的变化

失业率预测及近期估算会定期修改和更新。这些修改和更新不完全反映了经济局势的不断变化，这些变化可以改变经济增长预测——在一些情况下，可能会大幅改变经济增长预测。* 新数据和劳动力市场信息的存在也会造成大范围的更新和修改。

自全球危机爆发以来，我们已经发布了更新和修改后的失业率预测数据，但是由于经济动荡，发布的频率比预期低（图 1.4）。2009—2010 年，预测的失业率与实际失业率之间存在巨大差距——平均而言，预测数据过于乐观。在发达经济体，这些预测数据的误差尤其大。在 2009 年至 2010 年间，75% 以上的预测失业率——或者 1 个百分点以上——低于实际值。2010 年之后，预测失业率与实际失业率之间的差异显著缩小。比如，2013 年的预测失业率过于悲观，但也仅比实际失业率稍高。

* 参见附录，了解失业率预测的技术讨论以及对今年失业率预测的修改。

图 1.4

2007—2013 年失业率预测与实际失业率之间的差异（百分点）

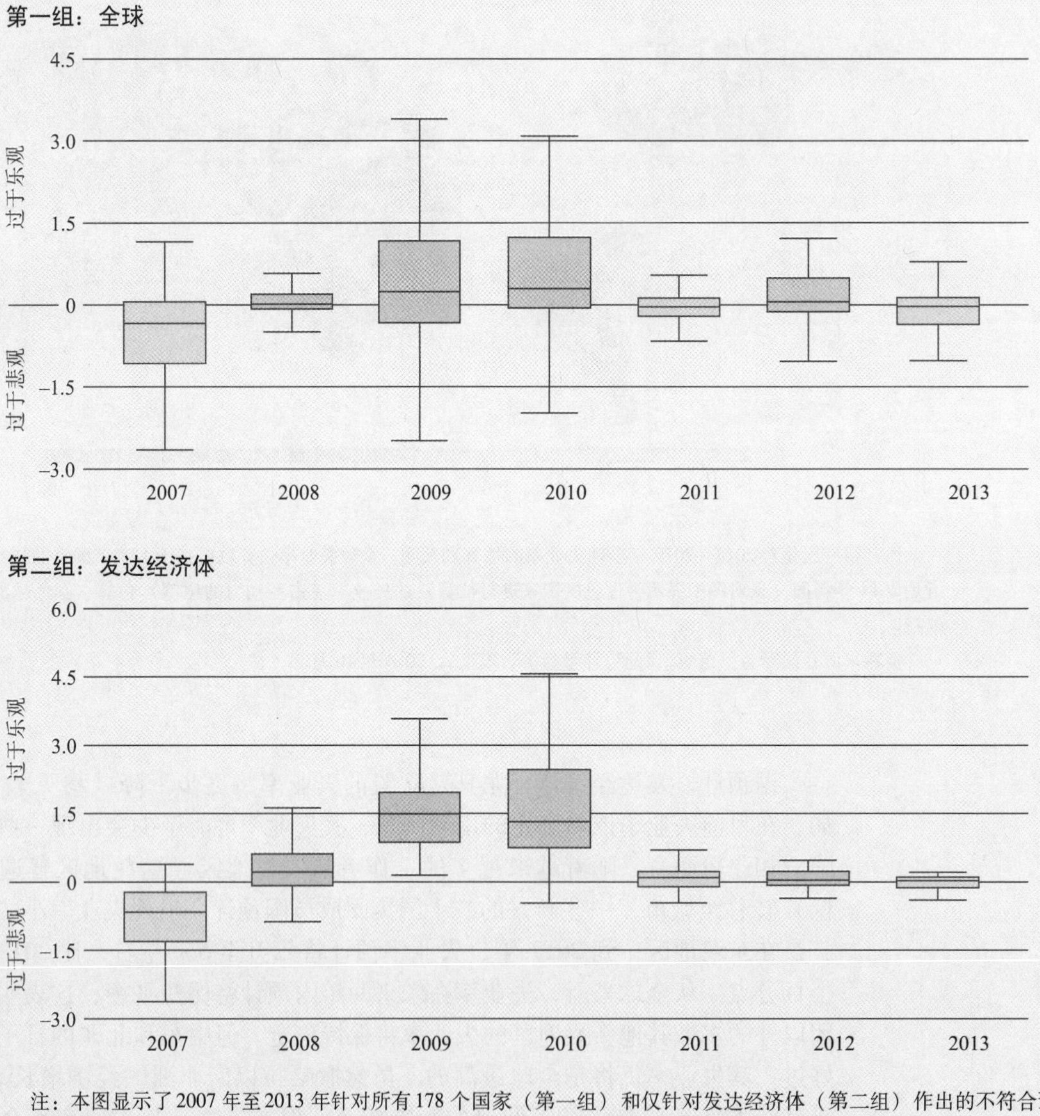

注：本图显示了 2007 年至 2013 年针对所有 178 个国家（第一组）和仅针对发达经济体（第二组）作出的不符合预期的失业率预测。这些不符合预期的失业率采用以百分点形式计算的实际与预测失业率之间的差异来表示。正值表示失业率预测过于乐观，而负值则表示失业率预测过于悲观。块状图表明了 75% 的不符合预期数据的范围以及 50% 的不符合预期数据位于方块内。

资料来源：国际劳工组织，《趋势计量经济学模型》，2007 年至 2014 年。

表 1.1 失业率发展情况，2007—2017 年（百分比）

国家/地区	2007 年	2013 年	2014 年	2015 年	2016 年	2017 年
世界	**5.5**	**6.0**	**5.9**	**5.9**	**5.9**	**5.9**
二十国集团经济体	5.0	5.7	5.6	5.6	5.6	5.6
二十国集团发达经济体	5.7	8.4	7.7	7.4	7.2	7.0
二十国集团新兴经济体	4.8	4.9	5.0	5.1	5.1	5.2
发达经济体和欧盟	**5.8**	**8.5**	**7.8**	**7.5**	**7.3**	**7.1**
澳大利亚	4.4	5.7	6.0	5.9	5.7	5.6
加拿大	6.0	7.1	6.9	6.7	6.6	6.6
日本	3.9	4.0	3.7	3.6	3.6	3.7
美国	4.7	7.4	6.2	5.9	5.5	5.2
欧盟	**7.2**	**10.9**	**10.2**	**9.9**	**9.7**	**9.5**
法国	8.0	10.4	9.9	10.0	10.0	9.9
德国	8.6	5.3	5.0	4.7	4.9	5.0
意大利	6.1	12.2	12.5	12.6	12.5	12.3
英国	5.4	7.5	6.3	5.9	5.7	5.5
中欧和东南欧及独联体	**8.2**	**7.8**	**7.7**	**7.8**	**7.8**	**7.8**
俄罗斯	6.0	5.5	5.1	5.3	5.4	5.4
土耳其	10.3	9.7	9.2	9.2	8.9	9.0
中东	**10.2**	**10.9**	**11.0**	**11.0**	**10.9**	**10.8**
北非	**11.4**	**12.4**	**12.5**	**12.5**	**12.5**	**12.5**
撒哈拉以南非洲	**7.8**	**7.7**	**7.7**	**7.7**	**7.7**	**7.7**
南非	22.3	24.6	25.1	25.0	24.9	24.8
拉丁美洲和加勒比地区	**6.9**	**6.3**	**6.6**	**6.8**	**6.9**	**6.8**
巴西	8.1	6.5	6.8	7.1	7.3	7.3
墨西哥	3.4	4.9	4.9	4.8	4.5	4.3
东亚	**3.8**	**4.5**	**4.6**	**4.8**	**4.9**	**4.9**
韩国	3.2	3.1	3.5	3.5	3.5	3.5
东南亚和太平洋地区	**5.5**	**4.3**	**4.3**	**4.3**	**4.2**	**4.2**
印度尼西亚	9.1	6.2	6.2	6.1	5.9	5.8
南亚	**4.0**	**3.9**	**3.9**	**3.9**	**4.0**	**4.0**

注：本表显示了全球、各地区以及所选的二十国集团成员国的失业率估算与预测。

资料来源：国际劳工组织，《趋势计量经济学模型》，2014 年 10 月。

……并且劳动力参与率不断下降

近几十年来，劳动力参与率不断下降，但 2013 年全球劳动力参与率稳定在了 63.5%。但是，劳动力参与率仍比 2007 年低 0.7 个百分点，这表明在全球范围内少了 3700 多万个潜在工作者。此外，长期趋势表明，劳动力参与率还将继续下降，到 2030 年将大幅下降，低于全球适龄人口的 63%（参见专栏 1.2）。劳动力参与率的下降影响了受影响经济体的潜在增长（参见第三章）。

不断下降的参与率反映了人口统计数字在不断变化，以及久久未能摆脱经济危机也让人产生失落感。在发达经济体以及欧盟，不断下降的青年参与率与不乐观的青年就业前景有关。如果中期经济增长能够加速，这些趋势可能会逆转。另外，在新兴经济体内，特别是在南亚，参与率的不断下降是由于教育水平的提高以及收入效应所造成的女性参与率的降低。这些趋势可能将长期存在。

专栏 1.2

全球劳动力市场的中期前景

全球参与率

经济危机爆发后，全球劳动力参与率经历了一个突然的大幅下跌，随后就稳定了下来（图 1.5）。在一些国家和地区，劳动力市场的持续低迷增加了怯志工作者的人数，并且在一些情况下——则永久地造成了劳动力参与率的下滑。就此而言，目前稳定的劳动力参与率表明，在全球范围内，这一变化已经缓解。参与率的上升主要与男性参与率的提高有关，因为与危机前的水平相比，男性目前是一些下降领域的主要从业人员。因此，在恢复下降趋势之前，全球劳动力增速预计会出现小幅上升，在 2014 年达到 1.4%。尽管劳动力增速的加速步伐很小，但会对全球劳动力市场施加更大压力，因为就业率预计不会出现同等幅度的增加。特别是在劳动收入增长本就低迷的情况下，这会继续对工资和收入造成下行压力。

人口老龄化

诸多国家的人口老龄化会造成全球劳动力增长减速，直至通过移民来平衡。一些较大的发达经济体已经出现劳动力下降的现象。人口的下降对全球增长将产生长期的影响，在其他所有条件保持不变的情况下，这会造成本就低速增长的任一生产要素出现减少。特别是，人口增长减速会通过两个主要渠道影响经济活动：投资增速放缓、工作机会减少。这两大因素会直接导致增长放缓，同时还会拖累生产率增长（参见下述讨论）。从好的方面来看，劳动力增速放缓造成的劳动力压力缓解可能会有助于逆转工资份额下降的趋势。目前尚未出现工资通胀的迹象，但随着人口老龄化的加速，个别国家可能不久就会遭遇劳动力短缺的问题（参见 The Conference Board，2014）。这些趋势可能会受到各方欢迎，从而有助于减缓或逆转近几十年来不平等现象加剧的情况，并进而有助于支持增长加速，这一点可参看第三章的分析。

图 1.5

全球劳动力参与率：预测与趋势，1990—2030 年

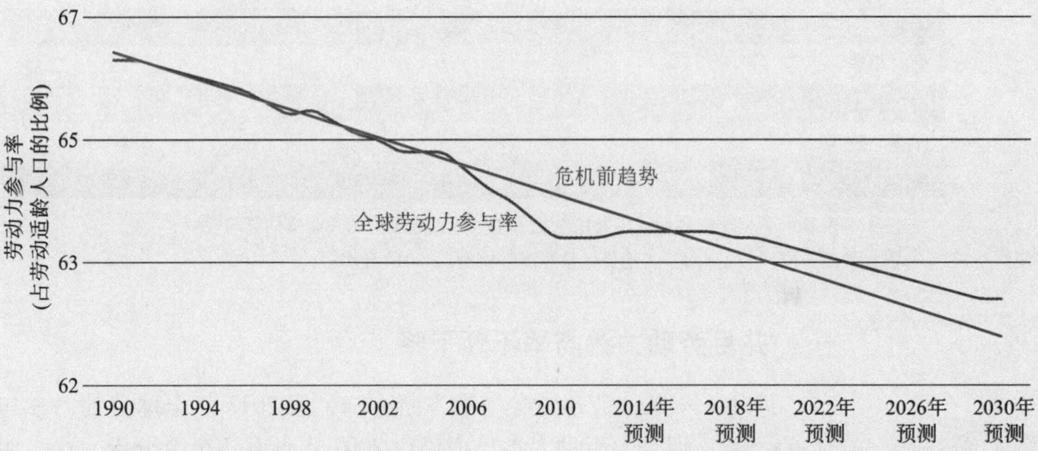

注：本图显示了全球劳动力参与率的演变及当前对 2030 年之前趋势的预测（浅色线），并将其与 2008 年危机爆发前所做的就业率增长预期（深色线）进行比较。劳动适龄人口包括年龄在 15 岁及以上的人口。

资料来源：国际劳工组织，《趋势计量经济学模型》，2014 年 10 月。

图 1.6 青年失业率变化，2019 年与 2014 年（百分点）

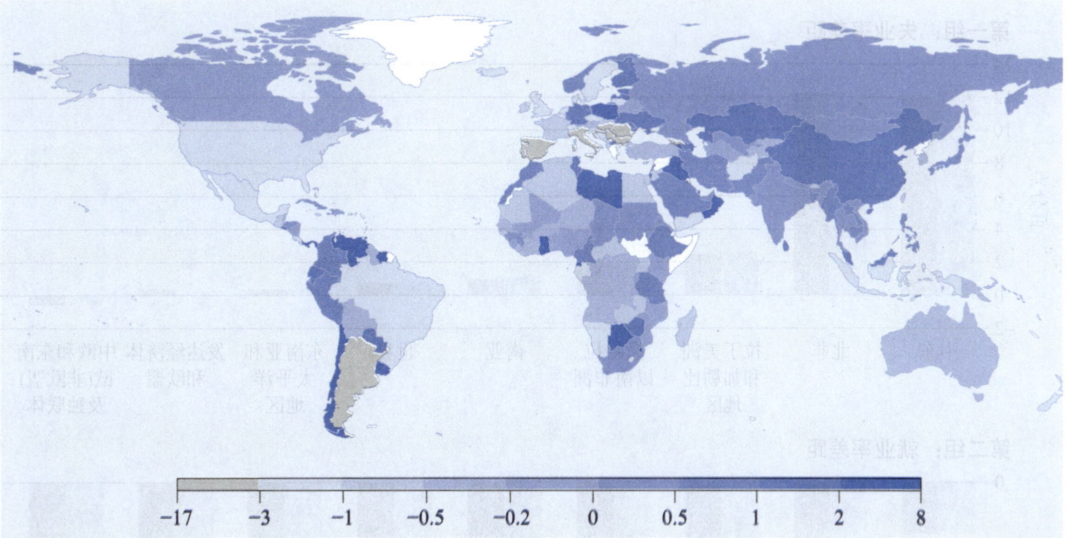

注：本图显示了 2014 年和 2019 年各国（没有显示为白色的国家的估算数据）的青年失业率预计会出现的变化（百分点）。颜色越深表明青年失业率越高。

资料来源：国际劳工组织，《趋势计量经济学模型》，2014 年 10 月。

青年就业仍是全球关切的问题……

青年（15—24 岁）继续受到危机的严重影响。2014 年，青年失业率达到 13%，几乎是成年失业率的四倍。尽管进入劳动力市场的新增年轻人比之前要少——尤其是在东亚和拉丁美洲等一些地区——在多数国家，青年就业仍是一大难题。

尽管年轻人的平均受教育水平已大幅提高，但这些趋势将一直存在。2007 年以来，在 30 个可获得数据的国家中，有 26 个国家的青年在接受过高等教育的劳动力中所占的比例已经上升。尽管如此，自危机爆发以来，在 18 个国家中，有 16 个国家的接受过高等教育的青年工作者的失业率也已上升（ILO，2013a）。

很多国家的青年失业率预计都会大幅上升，尤其是那些青年失业率目前低于全球平均水平的国家。2015 年，全球青年失业率预计将升至 13.1%，然后一直维持这一水平至 2018 年。2015 年，青年失业率上升最快的地区将出现在东亚和中东，并且这些地区的青年失业率在未来几年内还将进一步上升（参见图 1.6）。

相比较而言，在危机期间，年长者过得较为舒服，并且其就业率一直保持稳定，即便是在那些受到危机重挫的国家，情况也是如此。企业这次并未采取其之前在经济衰退时所采取的做法，即迫使年长者提早退休，而是决定继续留任其最富经验的工作者。然而，这也证明，对那些失去工作的年长工作者而言，获得新工作的机会变得愈加困难（Mayer，2014）。

……同时，劳动力的性别差异依然存在

此次经济危机爆发时，男女失业率的差距出现小幅收窄，原因是失业主要发生在男性主导的行业中。然而，之后出现的就业复苏也主要发生在男性主导的行业（如建筑业），从而再次拉开了这一差距。总体而言，女性的失业率依然高企，而就业率依然走低，女性不太可能参与劳动力市场，并且面临更高的弱势就业的风险，即成为个体经营者或从事无报酬的家庭工作（参见图 1.7）。除了歧视之外，女性所遭受的性别差异也代表收入和经济发展的大幅损失。在那些性别差异最为显著的国家和地区，收入损失高达人均 GDP 的 30%，相当于这些国家和地区的就业率和参与率方面的性别差异将低于世界平均水平（ILO，2014a）。

图 1.7 劳动力市场的性别差异，2014 年与 2019 年

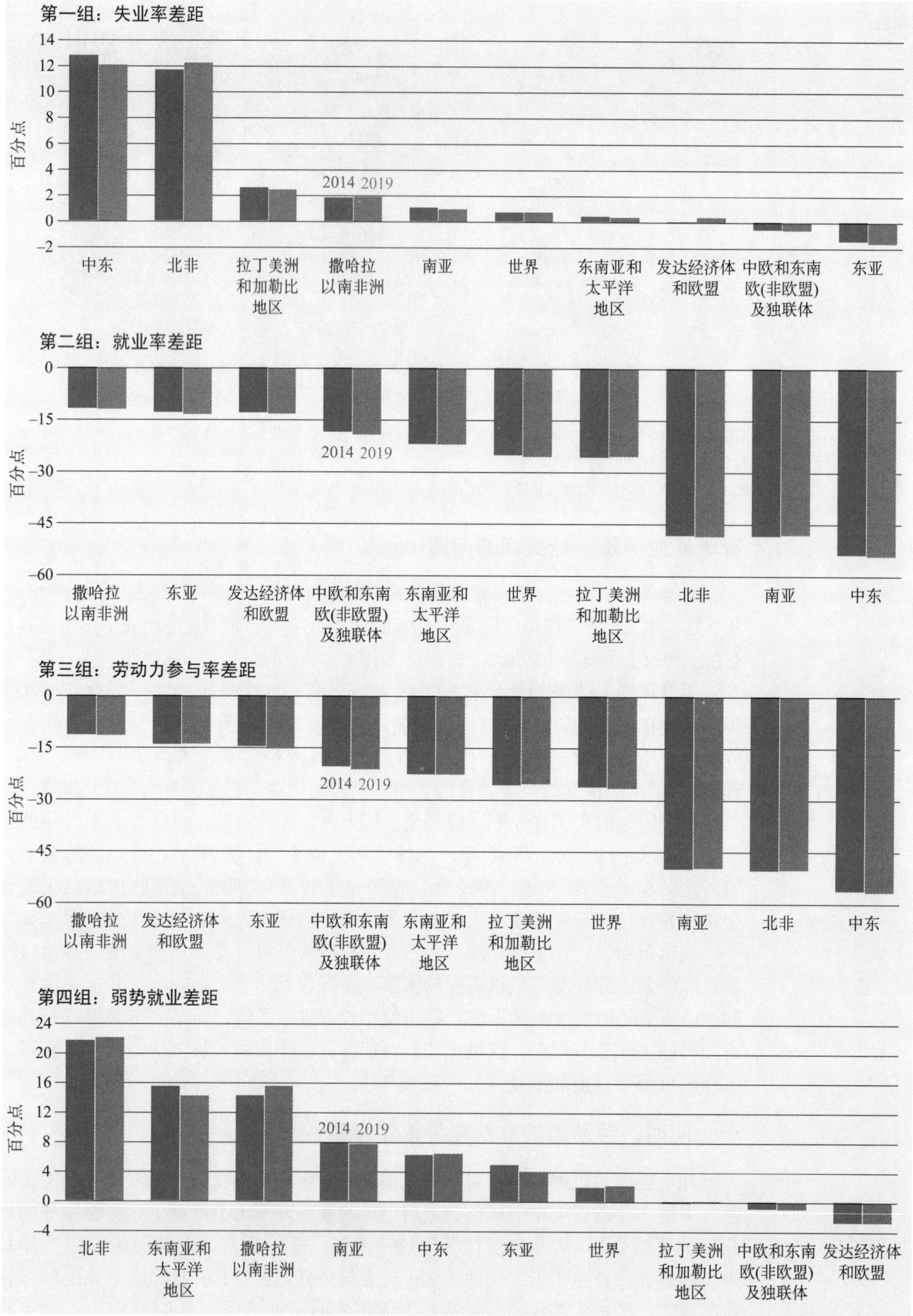

注：本图显示了 2014 年和 2019 年世界以及不同地区的男性和女性在失业率、就业率、劳动力参与率以及弱势就业率方面的差异。

资料来源：国际劳工组织，《趋势计量经济学模型》，2014 年 10 月。

图 1.8

部分行业的就业增长（百分比）

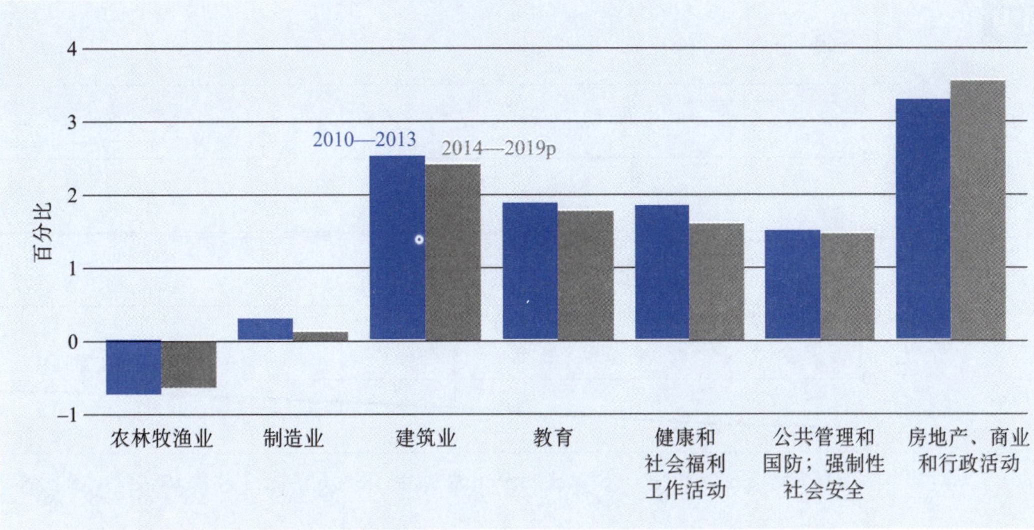

注：该数字显示 2013 年特定行业的年度就业增长率，以及 2019 年年度就业增长率预测。
资料来源：国际劳工组织，《趋势计量经济学模型》，2014 年 10 月。

未来几年内，服务行业将成为主要的岗位提供者……

私营服务业将提供大量的新工作机会，在未来 5 年内，该行业将雇佣超过全球从业人员的 1/3（参见图 1.8）。医疗保健、教育和管理领域的公共服务也将出现小幅增长，在总就业中的占比仍将超过 12%。相比较而言，全球工业就业人数的占比预计将呈稳定态势，略低于 22%，这主要受建筑行业就业率的持续增长所驱动，而制造业的就业率则将继续走低。在全球范围内，发达经济体的制造业就业人数占比仍处于最高水平，但从当前趋势来看，到 2019 年年底，这些经济体的就业人数占比将低于 12%。一些新兴经济体的制造业就业人数占比也出现下降，尽管其制造业尚未达到发达经济体的水平。总而言之，工业就业人数不可能对就业复苏作出很大贡献，尽管其在结构性转型，特别是新兴经济体的结构性转型中发挥重要作用。相比较而言，在未来 5 年内，服务业将成为最为活跃的工作机会提供者。

……高技能职业发生率上升

低技能职业和非常规体力工作在全球总就业中的占比仍超过 45%（参见图 1.9，第一组），而中等技能的常规工作则约占 37%。① 与此同时，非常规高技能认知工作的占比稳步上升，达到全球就业率的 18% 以上。尽管各地区有着明显差异，但这些趋势必将延续（参见图 1.9，第二组）。在发达经济体内，中等技能的工作在不断减少，一部分被低技能工作所替代，但其在全球经济中的占比将保持稳定。高技能职业的占比差异很大，从撒哈拉以南非洲的少于 10% 到发达经济体的接近 40%，各不相同。在发达经济体内，中等技能工作的减少或许是导致不平等现象加剧的一个因素，即所谓的中等收入工作岗位空洞化。第三章更具体地探讨了职业和行业就业模式方面发生的这些转变所带来的后果。

① 非常规体力职业、非常规认知职业和常规职业的划分采用了奥特尔等人（Autor et al.，2003）及杰姆欧维奇和苏（Jaimovich 和 Siu，2012）所引入的分类标准，以指定那些能轻易通过电算化和自动化流程被资本代替的职业。

图 1.9 按职业划分的就业发展情况

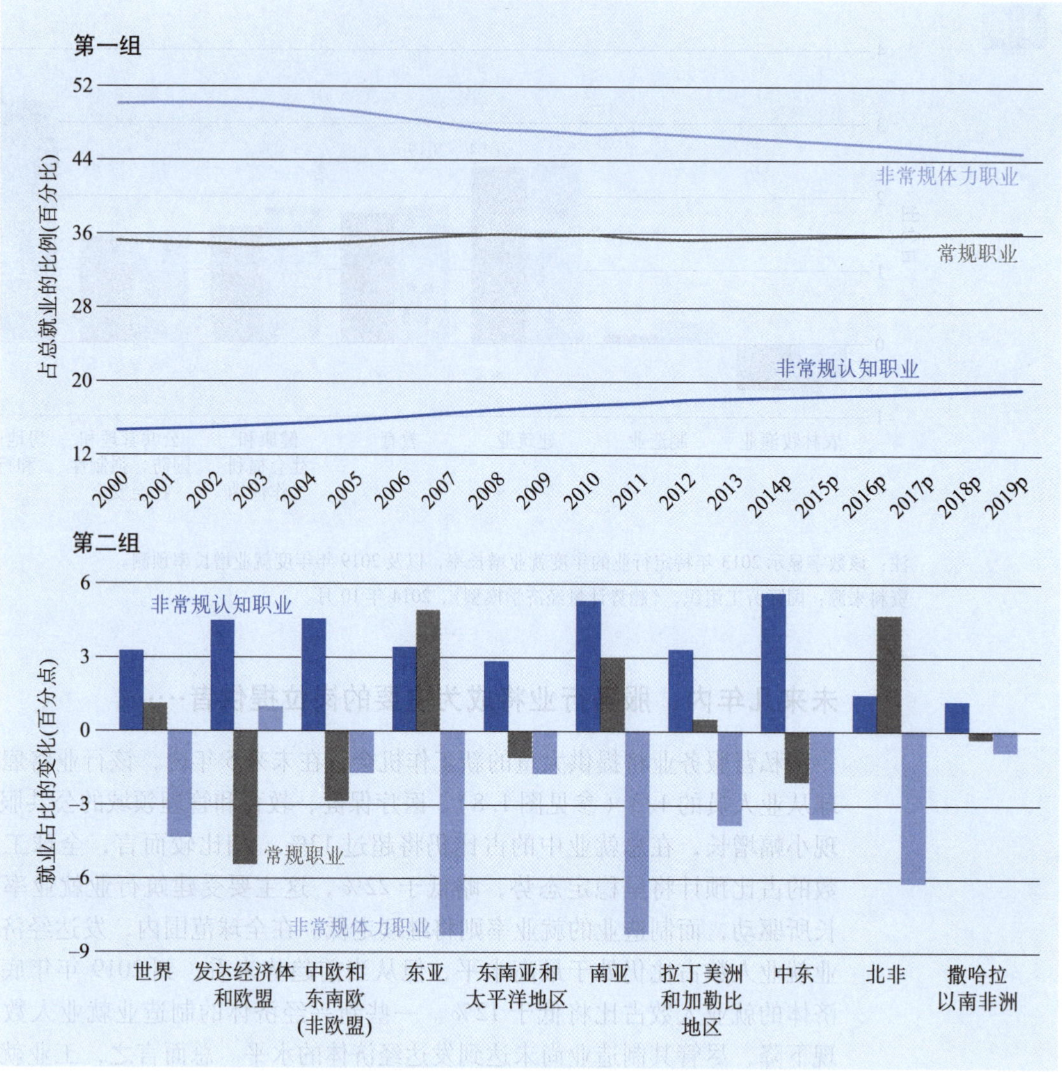

注：p：预测。第一组显示了2000年以来全球范围内不同职业就业占比的趋势，以及2019年前的预测。第二组显示了全球以及各个地区在2000—2013年期间不同职业类别的就业占比的变化（百分点）。

资料来源：国际劳工组织，《趋势计量经济学模型》，2014年10月。

工资增长保持低迷……

全球工资增长尚未恢复至危机前的水平，而且去年还出现了放缓。在当前环境下，工作岗位的提供并未加大多数国家的雇主提高工资的压力。在一些国家，工资反而出现了快速下滑（如希腊、西班牙和英国）。在多数发达经济体内，工资增长依然长期落后于生产率增长，这让企业得以通过减缓工资增长来弥补盈利损失，但2009年是个例外。

在多数国家，就业和工资增长双双放缓造成劳动收入的占比长期下降（参见ILO，2014b）。这限制了家庭可支配收入，从而减少了私人总需求，在多数国家内加剧了当前经济增速放缓的周期，并可能导致通胀紧缩压力，在欧洲和日本尤为如此。

表 1.2 **工资与生产率增长（107 个国家；年度平均百分比）**

	2000—2008 年	2008—2009 年	2009—2013 年
工资增长	2.3	1.9	2.0
生产率增长	2.5	-0.6	2.6

注：若要查看总量数字所涉及的国家名单以及与之前出版物（ILO，2014b）所估算的数字之间的差异，请查看附录 4。

资料来源：国际劳工组织，全球工资数据库；国际劳工组织研究部；自己的计算。

……很多国家的生产率增速已经放缓，投资增速也出现下滑

过去几十年所观察到的一个趋势是，产出与生产率增长之比一直在放缓，这不仅出现在发达经济体，近期也出现在发展中国家（参见图 1.10，第一组）。导致近期这一放缓现象的一大因素是劳动力市场流动率降低，即企业和行业内工作再分配的比率降低。[①] 就业岗位创造率在危机期间大幅降低，以及经济复苏的不完全可能对生产率增长产生了影响，与危机前相比，情况更是明显（参见图 1.10，第二组）。生产率增长相对于危机后劳动力市场流动率的弹性增强表明，2009 年以来劳动力市场流动率的大幅回落可能与对生产率增长产生负面影响有关。过去，工作再分配对受危机冲击后经济重组发挥重要作用，有助于更有效地利用资源（Davis 和 Haltiwanger，2014）。如果就业岗位创造未恢复至之前的水平，结果就是向更多生产性就业的重组变少。此外，危机产生的巨大冲击可能已经降低了有利（“高效”）匹配的占比，从而造成过度的（“无效”）因危机的规模导致的重组。[②] 另外，如上所述，当前的技术转型正带来高技能职业的进一步增多，而这一般由劳动力市场流动率降低所致。有鉴于此，劳动力市场总体流动率的降低可能意味着重组即将到来，但是由于人数更多的技术工人尚未产生影响，重组未能完全表现在生产率数字上。因此，劳动力市场流动率的负面效应目前占主导地位。

图 1.10 **劳动力市场流动率的增长及对生产率的影响**

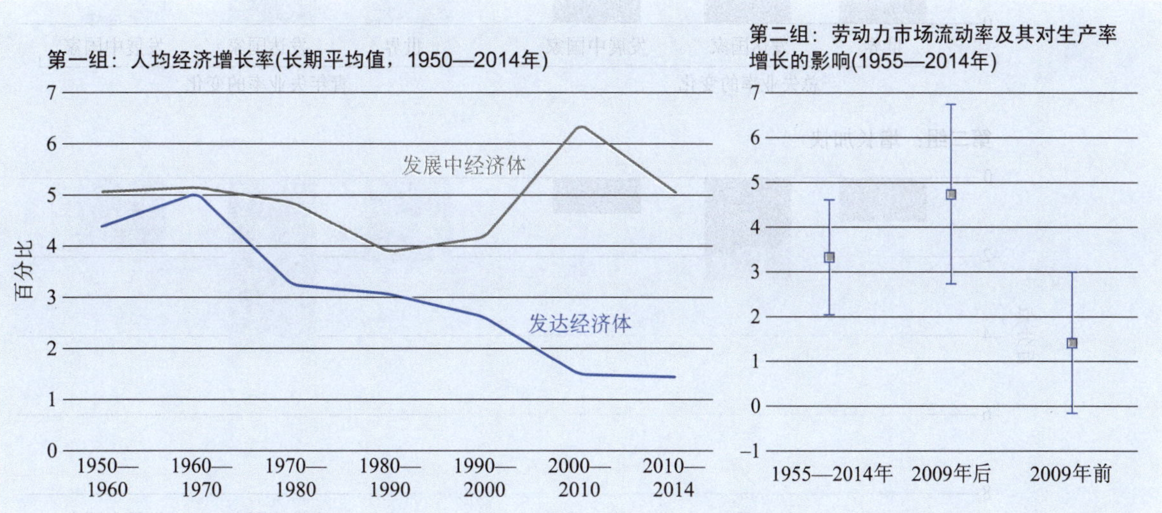

注：第一组显示了 1950—2014 年发展中与发达经济体的长期经济增速平均值。第二组显示了 1955—2014 年对 21 个经济合作与发展组织国家进行的一项面板估算中，劳动力市场流动率对劳动生产率增长所产生的效应的系数估算。劳动力市场流动率是失业流出和流入之和与劳动力总数之比。经济危机后，劳动力市场流动率对生产率增长作出了巨大贡献，但在危机期间，这种贡献非常小。

资料来源：国际劳工组织，《劳动力市场关键指标》；经济合作与发展组织，经济展望数据库；佩恩表，2014 年；自己的计算。

---

① 劳动力市场流动率是指工作岗位创造和破坏的总和与总体劳动力之间的比率。

② 关于这一观点的理论介绍，参见 Teulinge 和 Hartog（1998）。

此外，危机爆发以来，虽然盈利能力有所恢复，但由于投资放缓，生产率增长遭受重创。实际投资增速与岗位创造率紧密相关，因为产能扩大和替代现有设备为新岗位的创造提供了可能性。除了总需求衰退以及未来需求增长源的不确定之外，私人投资复苏也受制于有限的信贷投放（尤其是对欧洲的中小企业而言）、输入（如石油）成本的不确定性增强、价格和汇率变化的数量和方向，以及其他限制雇主能力的条件，即雇主发现新的有利可图的领域的能力，以扩大产量、增加从业人员。目前，投资减速也可能对生产率和就业产生长期的负面效应。

未来的失业情况也可能受危机造成的动荡和复苏乏力所影响

未来失业率的变化将受到之前的经济增长波动所影响，尽管与发达国家相比，这种影响在发展中国家表现较弱（参见图 1.11）。[①] 在经济加速增长时，经济增长常常对商品价格走势表现敏感，这些商品价格并不全部转化成劳动力市场表现的变化。相比之下，经济增长放缓对失业率的影响更大。换言之，经济增长放缓往往会对失业率产生非常严重的影响，而经济加速增长则会更多地限制失业。第三章更为具体地探讨了近期的劳动力市场趋势所产生的中期影响。

图 1.11 经济增长的波动对失业率变化的影响

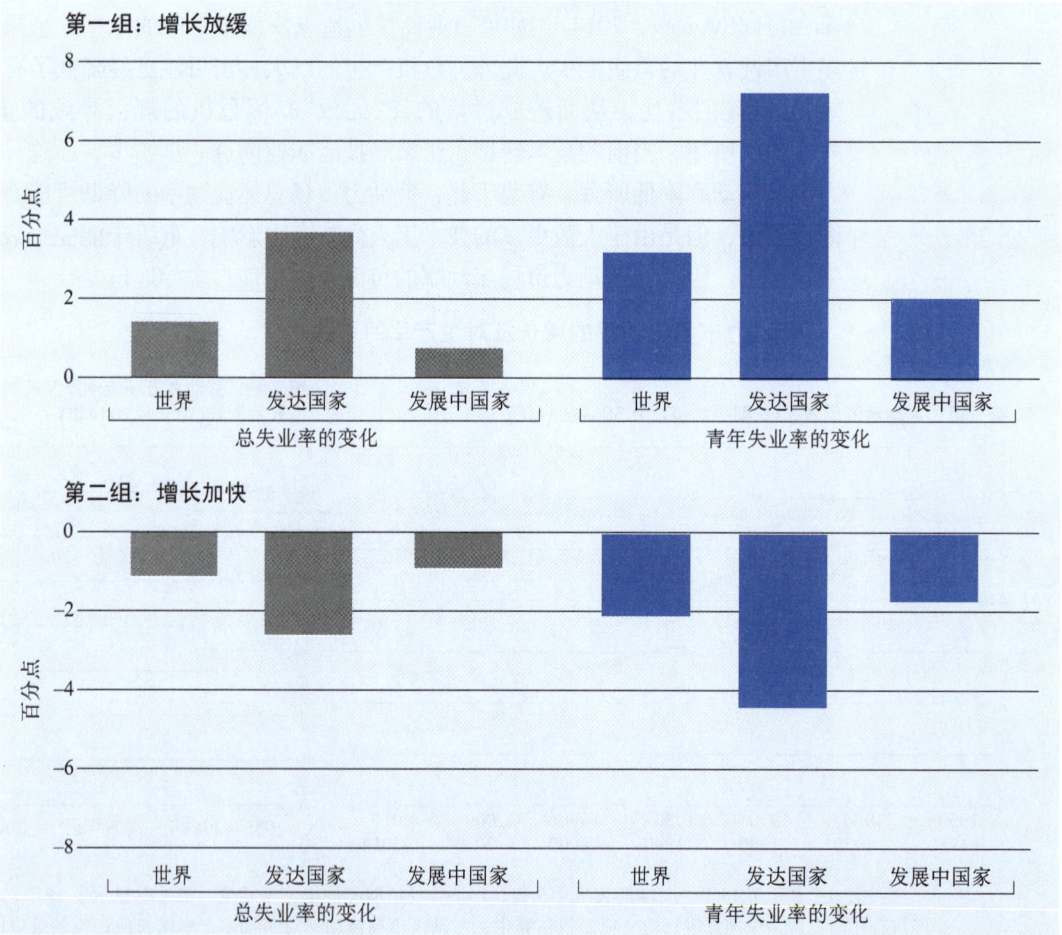

注：本图显示了历经一年的增长放缓（第一组）或增长加快（第二组）之后的总（青年）失业率的变化。柱体的大小基于一个简单的最小二乘法面板回归，该回归估算了等式 $D7\_\ UR = \beta_0 + \beta_1 slw + \beta_2 acc$，其中，*slw* 和 *acc* 是虚拟变量，分别代表增速放缓和增速加快的年份。*D7_ UR* 代表增速放缓和增速加快的年份之后 7 年内，总（青年）失业率的变化。估算的系数 *b*1（*b*2）的大小显示在第一组（第二组）。

资料来源：国际劳工组织；自己的计算。

① 这肯定了近期文献中有关奥肯系数的研究结果（Ball et al.，2013）。

第二节　社会发展与趋势

弱势就业率小幅下降……

弱势就业率——自营工作者和无报酬的家庭工作者，即一般都是高度不稳定的工种的占比——在多数地区继续小幅下降，而在亚洲和中东则取得了更大的进展（参见图 1. 12）。尽管如此，全球受雇人口中有一半的工作条件差强人意，主要是女性，这部分人因此无法获得基本必需品，也无法找到体面的工作。在全球弱势就业率中，南亚和撒哈拉以南非洲的占比最高——2013 年的比率均高于 75%（预计到 2019 年仅会小幅下降）。东亚有可能成为在降低弱势就业率方面继续取得最大进展的地区，其弱势就业率可能从 2007 年的 49. 5% 降至 2019 年的 38. 1% 。

图 1.12　发展中经济体的弱势就业人口占总就业人口的比例，2007—2019 年（百分比）

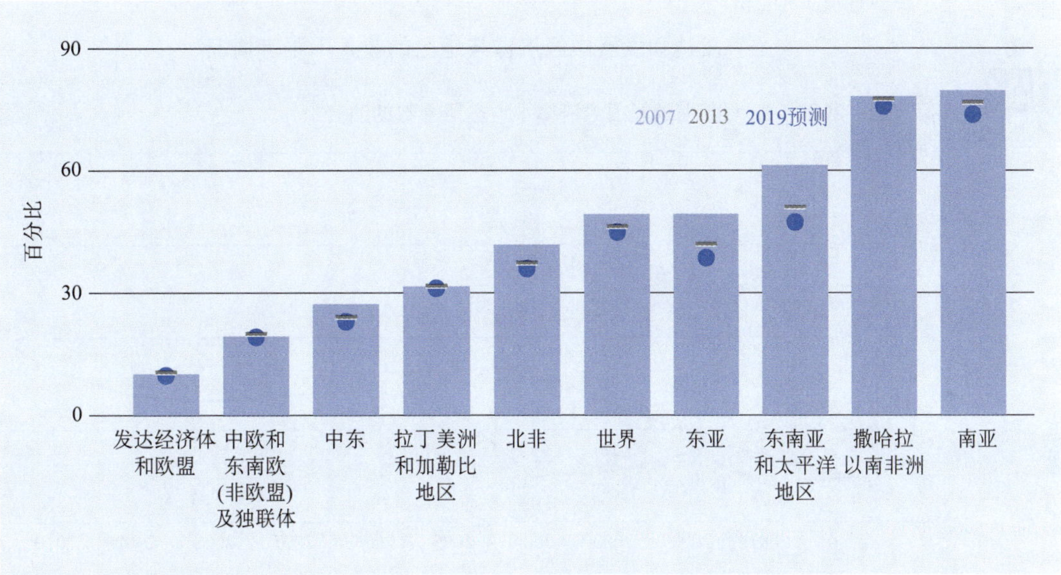

资料来源：国际劳工组织，《趋势计量经济学模型》，2014 年 10 月。

……而中产阶级的规模在发展中国家和地区继续扩大

弱势就业率的下降也是让更多工作者和家庭摆脱贫困，成为中产阶级的一个重要因素（参见图 1. 13）。在新兴和发展中国家，中产阶级在总就业中的占比已经超过 34% 。在这些国家，所有雇员中的另外 12% 已实现了中等以上收入，和发达经济体中的中产阶级一样受益于相似的消费群。尽管全球经济增长缓慢，但是工作性贫困人群的减少预计在中期会一直延续，虽然速度会减慢，这样就会推动全球中产阶级规模的扩大。尽管中产或以上阶级的人数在不断增加，但其在总人口中的占比仍太低，无法大幅推动全球总需求以及对发达经济体所产生的很多贸易的需求。

图 1.13 **发展中国家不同经济阶层的就业情况，1991—2019 年**

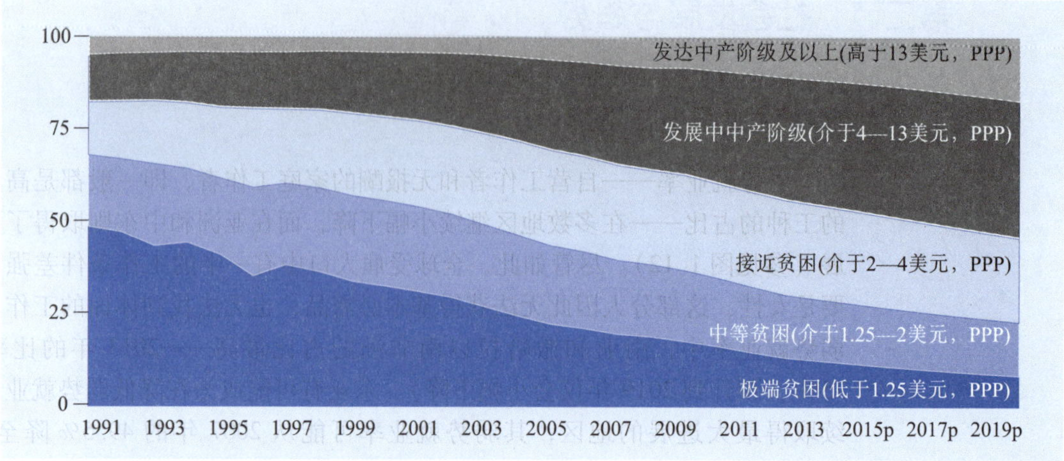

注：本图显示了发展中国家的就业人口占比情况（按经济阶层划分），其中包括 2019 年前的预测数据。经济阶层按照人均日消费水平（按 2005 年美元购买力平价计算）定义。人均日消费水平高于 13 美元相当于发达经济体的中产阶级状态。PPP = 购买力平价。

资料来源：Kapsos 和 Bourmpoula，2013；国际劳工组织，《趋势计量经济学模型》，2014 年 10 月。

图 1.14 **发达和发展中经济体与地区的收入不平等情况**

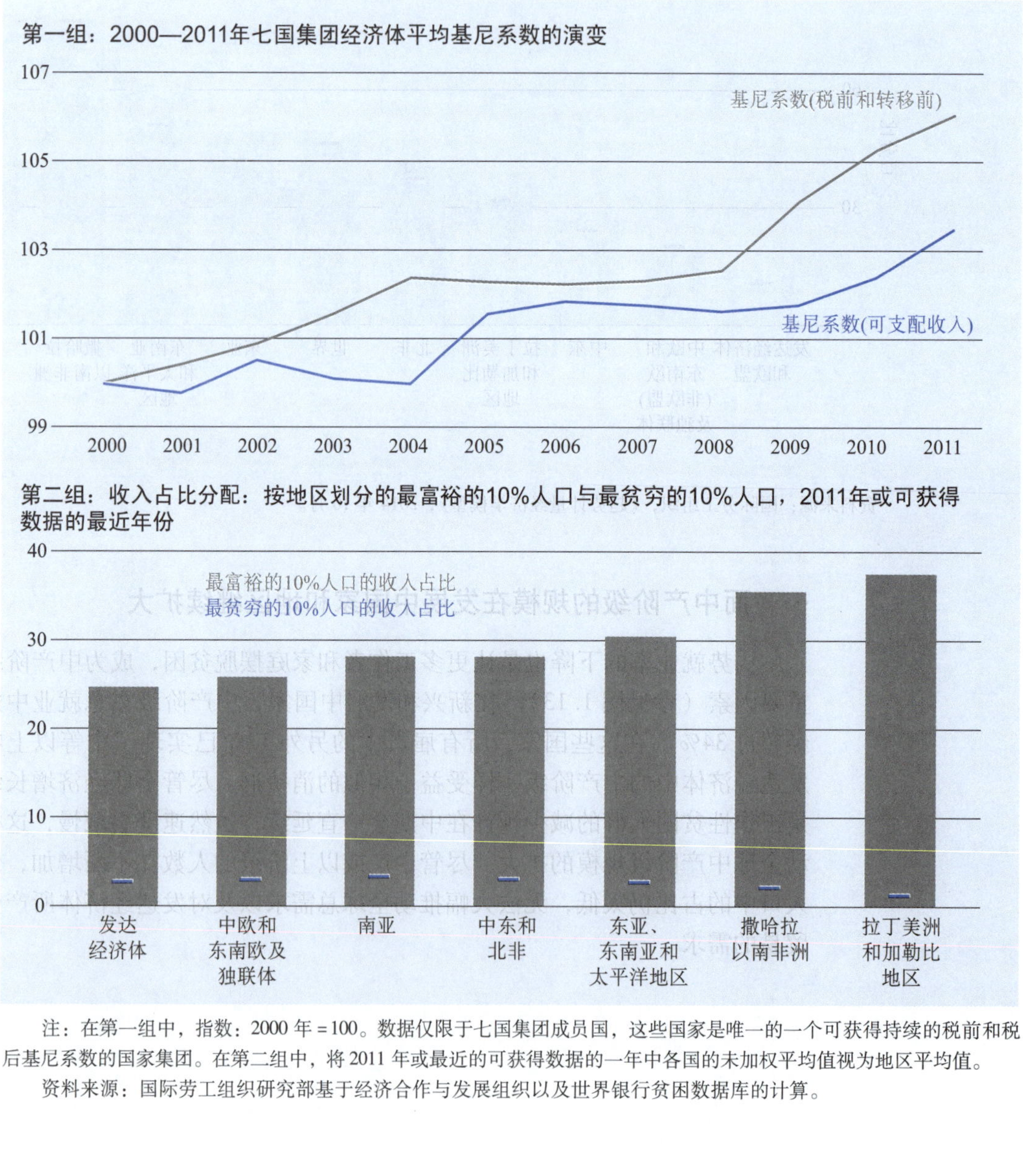

注：在第一组中，指数：2000 年 = 100。数据仅限于七国集团成员国，这些国家是唯一的一个可获得持续的税前和税后基尼系数的国家集团。在第二组中，将 2011 年或最近的可获得数据的一年中各国的未加权平均值视为地区平均值。

资料来源：国际劳工组织研究部基于经济合作与发展组织以及世界银行贫困数据库的计算。

……但收入不平等状况却日益严峻……

尽管发展中国家的工作性贫困和弱势就业情况双双向好，但多数发达和发展中国家的收入不平等状况却持续恶化。在一些不平等状况历来远远好于发展中国家的发达经济体内，收入不平等现象在经济危机后急速恶化（参见图 1.14，第一组）。事实上，一些发达经济体的收入不平等水平正接近于很多新兴经济体的水平，而后者却在降低高度不平等状况方面已经取得了进展。随着上述劳动收入占比的减少，个人收入不平等现象将进一步恶化。重要的是，在过去十年内，市场收入不平等和可支配收入不平等现象（税后和转移后）双双加剧。随着市场收入不平等的加剧，税收和转移体系的负担也相应加大。即便是有着雄心勃勃的税收和转移政策的发达经济体，在一些情况下也未能限制收入不平等的加剧。

2011 年，在发达经济体内，总收入的近 25% 被最富裕的 10% 人口所拥有（参见图 1.14，第二组）。尽管越来越多的劳动收入被最富裕的人所拥有，投资和岗位空缺并没有随之增多，原因是多数国家位于中间及以下的 10% 人口的收入陷于停滞或下降，而且总需求没有增加。正如第三章所示，收入不平等的加剧有可能与发达经济体内经济增长长期停滞以及发展中国家快速成长期发生率降低有关，从而削弱了追平的可能性。

……这会破坏民众对政府的信任，引发社会动荡风险

虽然有例外情况，但总体而言，不平等现象的加剧破坏了民众对政府的信任（参见图 1.15）。在中东和北非地区，民众对政府的信任感削弱得尤其迅速，而在发达经济体、东亚和拉丁美洲也十分快速。如此规模的下降，特别是在还伴随收入停滞或下降的情况下，会导致社会动荡，这一点从一些中东国家的经历中便可见一斑，这也会对社会条件、增长和就业动力产生冲击效应。

从 20 世纪 90 年代至 21 世纪，全球范围内的社会动荡已逐渐减少——这与全球失业率正好保持一致——直到 2009 年经济危机爆发。目前，全球发生社会动荡的可能性比危机前高出 10%（参见图 1.16）。这种状况在中东和北非尤其明显，而在中欧和东欧（非欧盟）以及独联体国家，发生社会动荡的可能性也在增加，而在南亚发生的可能性则相对较低。

图 1.15 民众对政府的信任，2012 年与 2013 年（百分比）

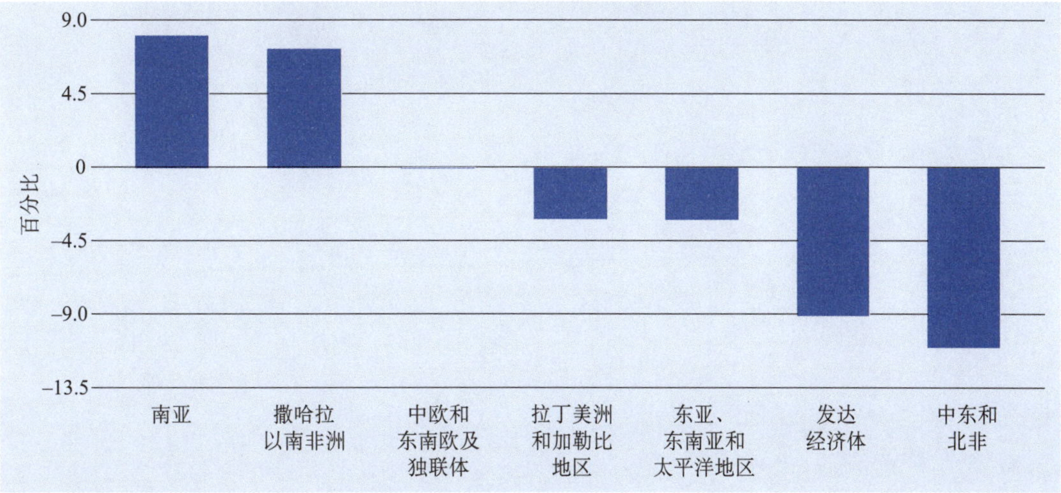

注：调研受访者被问及："在这个国家内，你对自己国家政府有信心吗？"本图显示了表示对其国家政府有信心的受访者的占比情况。

资料来源：国际劳工组织基于 2014 年盖洛普世界民意调查数据的计算。

图 1.16

社会动荡与青年失业

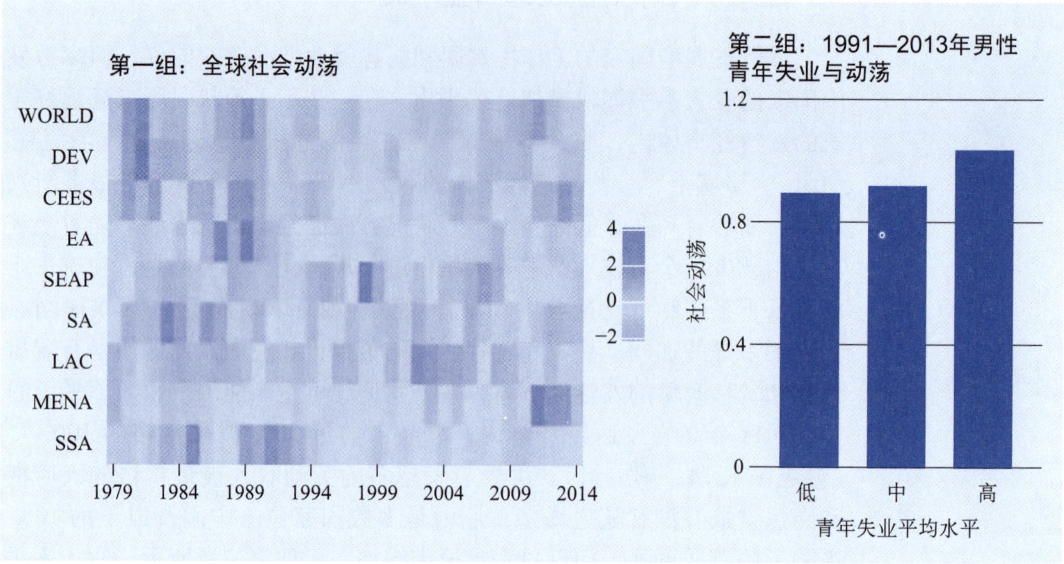

注：第一组：本图显示全球和地区范围内的社会动荡水平；社会动荡水平按照抗议次数在总体事件中的占比来计算。全球（世界）和不同地区的总量分别按照DEV（发达经济体和欧盟）、CEES（中欧和东欧（非欧盟）及独联体）、EA（东欧）、SEAP（东南亚和太平洋地区）、SA（南亚）、LAC（拉丁美洲和加勒比地区）、MENA（中东和北非）、SSA（撒哈拉以南非洲）来计算。

第二组：本图显示，全球社会动荡水平取决于男性青年失业状况。男性青年失业状况的低、中、高水平按照1991—2013年期间各国男性青年失业的百分位来划分。

资料来源：BBVA，2014；GDELT事件数据库（http：//gdeltproject. org/）；国际劳工组织，《趋势计量经济学模型》，2014年10月；自己的计算。

附录

估算与预测的变化，2013 年与 2014 年

与前几年相似，全球与地区失业状况与失业率都已经过调整，以将新信息及调整的经济增速预测纳入考量。

失业率输入数据：历史失业数据之所以调整是因为原始数据来源作出了调整，或是因为国民劳动力调研数据大幅滞后（有时滞后时间长达 1—2 年，在极少的情况下甚至会更长）。

整体而言，与 2013 年 10 月的《趋势计量经济学模型》相比，2014 年的《趋势计量经济学模型》新增了 120 条观察结果，其中 24 条发生于 2009—2012 年，38 条发生于 2013 年，58 条发生于 2014 年。比如，超过两条的观察是关于几内亚的（即 2009—2012 年），三条以上的观察是关于吉尔吉斯斯坦的（即 2011—2013 年），两条以上的观察是关于苏里南的（即 2009—2010 年）。

在 2013 年 10 月的《趋势计量经济学模型》中，2013 年是对 61 个国家的初始估算，其中一些国家有季度数据。最新的模型（《趋势计量经济学模型》2014 年 10 月）提供了 2013 年的全部季度数据。此外，九个国家（即阿尔及利亚、巴哈马、伯利兹、瓜德罗普岛、利比亚、马提尼克、纳米比亚、沙特阿拉伯、约旦河西岸和加沙地带）的估算值上调了 1 个以上百分点，原因是获得了新数据或者是旧数据得到了调整（即沙特阿拉伯、约旦河西岸和加沙地带）。

GDP 增速：在国际货币基金组织 2013 年 10 月发布和 2014 年 10 月更新的《世界经济展望》报告中，全球 2013 年 GDP 增速的估算值上调了 0.4 个百分点，而 2014 年和 2015 年的估算值则分别下调了 0.3 个和 0.1 个百分点。2015 年后，全球 GDP 增长率预测没有更新。对 GDP 的调整变化造成了对失业率与 GDP 增速之间预估的关系作出了调整。然而，基于上述规模的调整，失业率的最新预测调整较小。

总而言之，2014—2018 年全球失业率的基线预测下调了 0.2 个百分点（参见表 1.3）。2012 年和 2013 年全球失业率分别调整了约 23 个和 13 个百分点，这主要是由 GDP 增速调整所致，而 77% 和 87% 的调整则全是因失业率输入数据调整所致。2014 年，全球失业率调整全由数据调整所致。

表 1.3

预测差异，2013 年与 2014 年

	2008 年	2009 年	2010 年	2011 年	2012 年	2013 年	2014 年	2015 年	2016 年	2017 年	2018 年	2019 年
失业人口（百万）												
2013 年 10 月	177.0	197.9	195.2	193.9	196.9	201.8	206.0	208.8	211.0	213.1	215.2	
2014 年 10 月	178.6	199.0	196.6	195.4	197.4	200.1	201.3	204.4	206.7	208.8	210.8	212.3
失业率（百分比）												
2013 年 10 月	5.6	6.2	6.1	6.0	6.0	6.0	6.1	6.1	6.1	6.1	6.0	
2014 年 10 月	5.7	6.3	6.1	6.0	6.0	6.0	5.9	5.9	5.9	5.9	5.9	5.9

资料来源：国际劳工组织，《趋势计量经济学模型》，2014 年 10 月和 2013 年 10 月；国际劳工组织研究部的计算。

第二章
地区发展：不均衡、不确定的复苏

发达经济体和欧盟

一些发达经济体的经济增长复苏被欧洲和日本的又一次增长放缓所拖累

据预计，一些发达国家的增长将会增强，其中包括澳大利亚、加拿大、新西兰和美国。在美国，继2014年第三季度经济出现稳健增长之后，国际货币基金组织预测，其2015年的增速将超过3%，这是2006年以来最快的增速。这表明，2014年的经济基本面大幅向好，其中的原因包括能源价格下跌、家庭债务减少、房地产市场回暖、企业重新开始投资。

美国经济复苏的溢出效应促进了加拿大的出口和投资；正因如此，其经济预计会在2015年将实现2.4%的增长。[①] 积极的出口以及不断增强的建筑行业也推动了新西兰国内生产总值的增长。2014年，新西兰的国内生产总值增长了3.6%，使其继续成为发达国家内经济增长最快的经济体。相比较而言，澳大利亚的产出日益受到国内需求的推动，从而抵消了因商品价格下滑而造成的采掘业的疲软。澳大利亚的产出预计会在2015年实现近3%的增长。

相反，欧盟整体的增长较为缓慢（欧盟28国在2014年第二季度实现了1.3%的增长），而且这种增长主要是受欧元区以外的欧盟东部和北部国家高于平均水平的产出增长所推动。[②] 在欧元区，只能说复苏仍十分脆弱。2013年下半年和2014年年初实现的缓慢经济增长正在消逝，并且这种放缓是由大型的欧元区国家所推动：在2014年下半年，德国的产出增速为1.3%（2014年第一季度为2.2%），而法国的增速仅为0.1%（2014年第一季度为1%）。

财政紧缩政策的实施加剧了欧元区的困境。在多数情况下，这些政策并未平衡出口的增长，反而压制了国内需求。到目前为止，工资节制（wage moderation）策略在增强竞争力和提供就业机会方面仅发挥了十分有限的作用。金融危机之后，许多欧元区国家均将此策略作为政策制定的核心（参见专栏2.1）。

日本2014年的增长预计会达到0.9%，低于2013年的1.5%。国内需求的增强，包括政府为将工资提高到通胀以上水平所刺激的需求以及工业信心的增强，应有助于抵消出口的放缓及2015年财政紧缩计划的负面影响。然而，就中长期而言，减少公共债务仍是一项重点工作，而扩张性货币政策则应得以延续，直到通胀水平达到2%的既定目标。

---

① 这一前景可能会因2014年油价下跌而受到负面影响。

② 在捷克、匈牙利、立陶宛、波兰和英国，2014年第二季度国内生产总值的年增长超过3%。

专栏 2.1

欧洲竞争力与工资水平

在欧洲，尤其是在危机中遭受重挫的南欧国家——这些南欧国家经常向欧洲和国际机构寻求支持，早期的危机政策应对措施旨在减少就业保护法律、削弱或分散工资谈判并削减最低工资，以此来增强竞争力。

比如，在西班牙，2011 年以来，几乎所有行业的实际工资都出现了缩水，只有采掘业和电力行业以及少量的艺术与娱乐行业实现了工资正增长。工资缩水现象在西班牙的公共部门表现最为明显：2011—2013 年间，医疗行业实际工资下降 4.2%，教育部门下降 2.7%，公共管理部门下降 2.3%。此外，在一些重要的经济部门——包括批发零售贸易、职业与科技活动以及交通与存储——实际工资平均下滑了 1.5%。在希腊，工资缩水的现象甚至更为普遍。2011 年，该国整体经济的名义工资平均下跌 5.6%，2012 年的这一比例为 6.9%，而在 2013 年则增至 8%。

工资缩水帮助降低了欧元区的成本竞争力差额——正如单位劳动力成本趋同这一趋势所示。然而，这并未一直转化为外部竞争力的提高（贸易）和资源向生产力更高部门的再分配。相反，在一些国家，出口并未出现增长，仍集中在低附加值部门（希腊）；而在出口出现复苏的国家（西班牙），企业的增长目前正面临内需疲软、信贷条件紧缩和严格的产品市场监管所带来的挑战。事实证明，欧元区的竞争力失衡并不应简单地归咎于成本竞争力差距，而是与宏观经济环境的结构性弱点有关，其中包括无效的经济治理、疲弱的商业环境、研究与发展投资稀少、不发达的公共基础设施以及适龄劳动人口的技能水平低。

资料来源：ILO（2014c，2014d）；EC 和 ILO（2014）。

发达经济体失业率降低，但这并未带来工资的增长

在 2014 年整整一年中，除了澳大利亚之外，多数发达国家的失业率一直在持续下跌。然而，除此之外，工资增长却一直比较疲弱且低于生产率增长（见表 2.1）。在未来几年内，工资增长预计会继续保持疲弱态势，并且这种态势仅有助于逐步弥合当前的工资增长与生产率增长之间的差距（ILO，2014b）。

除了就业率温和地复苏之外，疲弱的工资增长主要源于工作者工资增长谈判能力的削弱（参见专栏 2.1）。实际上，将危机前与危机后的工资曲线概算进行比较，我们可以发现，工资增长似乎并未对 2009 年失业率的变化作出强烈反应（见图 2.1）。这不仅反映了工作者谈判地位的相对削弱，同时也反映了就业率长期低迷所引发的其他因素，其中包括许多求职者接受报酬更低的临时或兼职工作这个事实。

表 2.1 2009—2019 年发达经济体和欧盟的经济与社会发展状况（百分比）

	2009 年	2012 年	2013 年	2014 年	2015 年	2016 年	2017 年	2018 年	2019 年
劳动力参与率	60.4	60.0	59.9	59.8	59.8	59.7	59.7	59.6	59.5
（总）失业率	8.4	8.6	8.5	7.8	7.5	7.3	7.1	6.9	6.8
青年失业率	17.4	18.0	17.7	16.7	16.3	15.8	15.5	15.2	15.0
就业率增长	−2.2	0.5	0.4	1.2	0.6	0.5	0.5	0.4	0.4
青年就业率增长	−7.5	−1.1	−0.2	0.9	0.1	0.1	0.0	−0.1	−0.1
实际工资增长	1.0	0.2	0.2	0.5	1.4	1.5	1.8	1.8	1.7
生产率增长	−1.5	0.8	0.8	0.6	1.6	1.8	1.8	1.7	1.7

注：地区工资与生产力增长涵盖 36 个国家中的 29 个国家，涉及对各国的估算与预测。若要查看总量数据中涵盖的国家的清单并了解此次估算与之前出版的数据（ILO，2014b）之间的差异来源，请参阅附录 4。

资料来源：国际劳工组织，《趋势计量经济学模型》，2014 年 10 月；国际劳工组织，全球工资数据库，2014 年 12 月；国际劳工组织研究部。

图 2.1 工资对失业率变化的反应，1994—2019 年

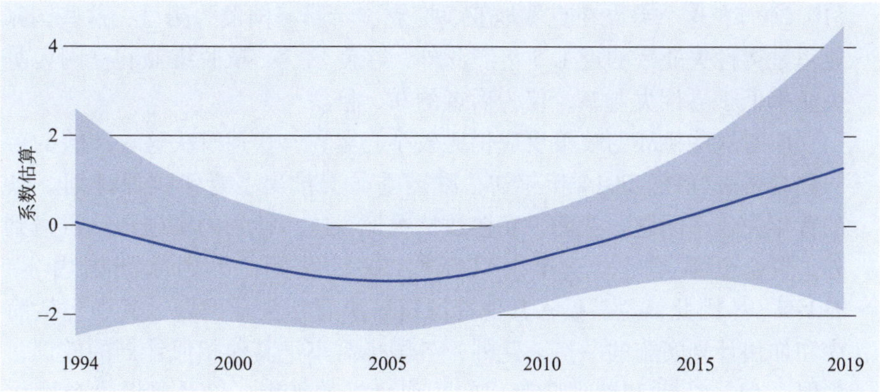

注：本图显示了 1994—2019 年间，随着发达经济体和欧盟地区失业率的变化，实际工资增长的弹性系数，μ_t，该系数随时间变化而变化。该图涵盖了 2014 年之后的预测变化。阴影部分代表置信区间。利用估算等式和惩罚样条，我们作出了相关估算：

$$w_t = \beta^{\infty} \sum_{i=1}^{4} w_{t-1} + (\beta^{u} + \mu_t) \sum_{t=0}^{4} \Delta u_{t-1} + \varepsilon_t$$

其中，w_t：（地区）实际工资增长，Δu_t：（地区）失业率的变化，β^u：相对于之前的工资增长和失业率的变化得出的实际工资增长（常数）弹性。

资料来源：国际劳工组织，全球工资数据库和《趋势计量经济学模型》，2014 年 10 月。

失业率，尤其是青年失业率，仍是欧洲面临的一大挑战

失业率反映了欧洲疲弱的经济状况，这一数据在 2014 年一直延续下滑趋势。然而，欧洲的青年失业率却一直居高不下。在欧盟 28 国，成年失业率在 2014 年第二季度达到 9%，而青年失业率却高达 22%（参见图 2.2），从而导致欧盟 28 国的青年与成年失业率之比接近 2.5。在一些国家，这个比率接近 4，甚至更高，这些国家包括英国（3.5）、意大利（3.9）、罗马尼亚（4.4）。相反，这个比例在一些国家却仅仅稍低于 2，如奥地利、德国、荷兰。与此同时，各国成年失业率也有很大差异。比如，奥地利、英国和德国 2014 年第二季度的成年失业率不到 5%，而这一比例在希腊和西班牙却高达 25% 左右。在同一时期，青年失业率的差异则更加明显，从奥地利和德国的 8% 左右到意大利的 40% 以上，再到希腊和西班牙的 52%。

图 2.2 2014 年第二季度欧盟 28 国按年龄划分的失业率状况（百分比）

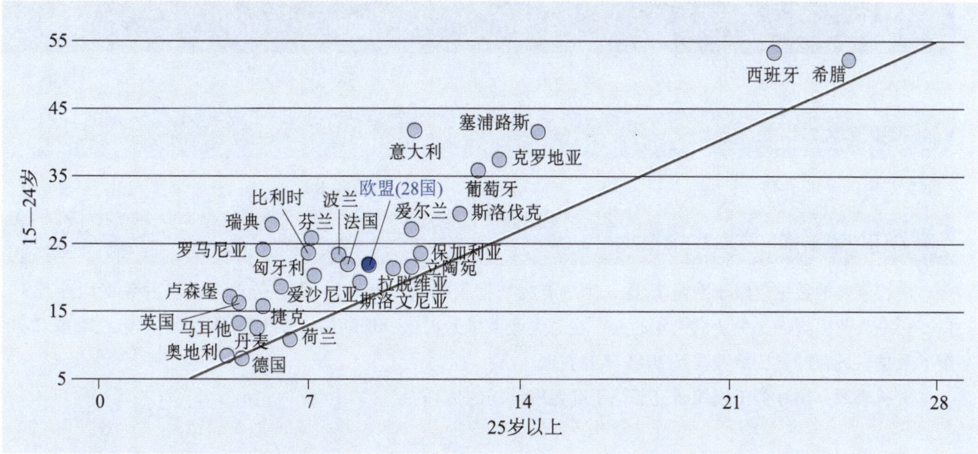

注：斜线代表青年与成年失业率之比为 2 : 1。

资料来源：国际劳工组织研究部基于欧盟统计局的估算。

若按性别划分，欧盟 28 国的女性失业率（10.4%）稍高于男性失业率（10.2%）。这个差异在克罗地亚、捷克、希腊等国最为明显，这些国家的女性失业率是男性失业率的近 1.5 倍。此外，在爱尔兰、拉脱维亚和立陶宛等国，女性失业率低于男性失业率，仅为后者的 0.7 倍。

应对这些挑战的政策反应仍比较小心翼翼，快速解决这一严峻的劳动力市场问题会带来好处。2014 年年初，欧盟委员会推出了青年担保计划，以应对欧洲的青年失业率问题。然而，在多数情况下，这一计划的实施却一再遭到搁置。此外，资金也不充足，三年内只新增 30 亿欧元，不到欧洲国内生产总值的 0.05%。[①] 因此，急需投入其他资源以解决青年失业问题，其中包括简化融资程序和加快计划实施的举措。此外，各国也需牢记其他相似计划的教训，特别是要确保：（1）主动和被动政策之间达成良好的平衡，以及要提供个性化的公共就业服务；（2）向公共就业服务投入更多资源，以便各国能开始实施青年担保计划。

随着贫困与社会排斥的风险加剧，失业与失意会长期存在

很多国家的经济与劳动力市场状况持续疲弱，失业期限之长，前所未有。2014 年第二季度，欧盟 27 国的长期失业率[②]达到 50%（见表 2.2），比 2008 年同期上升 38.5%，比上年同期上升 47%。希腊的长期失业率最高（74.4%），其次是意大利（62.7%）和葡萄牙（62.4%）。相反，在芬兰和瑞典，长期失业率却不到 20%。这些国家历来有面向长期失业者制定积极的劳动力市场政策的传统。

长期失业率的居高不下且不断上升的态势已受到广泛关注。首先，随着长期失业人口占比的提高，技能被腐蚀，社会排斥加剧，从而进一步降低了长期失业者再次进入劳动力市场的可能性。其次，由于许多国家的平均长期失业期限均在延长，很大一部分长期失业者再也无法获得任何形式的收入支持或社会保障。这一情况加剧了欧洲近几年的贫困和脆弱性（参见表 2.2）。在一些实施财政紧缩的国家中，特别是希腊，社会支出的大幅减少使长期失业进一步恶化，从而限制了社会保障体系的覆盖面（参见专栏 2.2）。因此，在 2013 年，欧盟 27 国 16.6% 的人口面临陷入贫困的风险，而失业者面临的情况则更为严峻：贫困风险的比例接近 47%。

表 2.2 欧盟 27 国长期失业率与社会指标（百分比）

	2008 年	最新数据
长期失业率	38.5	50.0
面临贫困的人口	16.6	16.6
面临贫困的失业人口	44.8	46.6
面临贫困与社会排斥的风险	23.8	24.4

注：本表的数据仅限于欧盟 27 国，因为有些数据仅截至 2013 年。所有劳动力市场的数据均涉及 15 岁及以上人口。长期失业率指的是失业满一年的人口在总失业人口的占比。长期失业率数据是 2008 年第二季度和 2014 年第二季度的数据。最新的贫困率数据是 2013 年的数据。

资料来源：国际劳工组织研究部基于欧盟统计局的估算。

---

① 见 http://europa.eu/rapid/press-release_MEMO-14-571_en.htm。

② 长期失业率指的是失业满一年的人口在总失业人口中的占比。

专栏 2.2 希腊

2007—2009年，受疾病护理和养老护理支出驱动，社会保障支出每年增长8%，同一时期内，前两者分别每年增长27%和20%。2010年，社会保障体系发生变化，重点在减少福利或调整资格标准。正因如此，2010—2011年支出明显下降——特别是，疾病和养老相关支出分别下降了21%和17%。福利的变化主要包括：

（1）失业福利：2012年，全职员工的失业福利是360欧元/月，低于之前的454欧元/月。[1]四年内，一个工作者可以申请失业福利的总天数从2013年1月1日开始的450天缩减到2014年1月1日起的400天。[2]

（2）养老金：金融危机期间，各种法律相继削减了养老金支付，而第3847/2010号法案则取消了为前公共雇员的第13次和第14次月度养老金支付[3]，并代之以更为有限的度假补贴，而后者也于2013年取消。[4]2011年11月，第4024/2011号法案将年龄未满55岁的公共部门退休员工的月度养老金缩减了40%，并将年龄在55岁及以上的退休员工的月度养老金缩减了20%；前者月度养老金超过1000欧元，而后者的月度养老金超过1200欧元。

[1]每个受抚养者的失业福利上升了10%，申领失业福利的期限从5个月延长至12个月，这取决于控制阶段工作的天数。[2]分别是第3996/2011号和第4203/2013号法案。[3]免除病残养老金、社会养老金和农民的基本养老金。[4]这次也取消了第13次和第14次病残养老金、社会养老金和农民的基本养老金。

资料来源：ILO（2014c）。

如果考虑贫困和社会排斥风险这个更广的指标，那么，2013年在欧盟27国的人口中，超过24%的人口将陷入这种状态。① 贫困和社会排斥风险最高的国家包括保加利亚（48.1%）、罗马尼亚（40%）和希腊（35.7%）。相比较而言，贫困和社会排斥风险低于20%的国家则包括奥地利、丹麦和荷兰。

在欧洲以外的地区，尽管劳动力市场状况近期开始回暖，但是由于劳动力市场过去长期低迷，越来越多的人感到心灰意冷。② 在美国，怯志者在劳动力中的占比估计已增长近一倍，从2008年的0.3%增长到2013年的稍低于0.6%。在同一时期，澳大利亚的怯志者占比也出现了上升，从0.5%升至0.7%。③ 在日本，这比例在一开始出现了上升，但到2013年又回归至危机前的0.8%水平。当青年（15—24岁）感到心灰意冷时，这种情况就变得尤其令人担忧，因为长期离开劳动力市场会导致社会疏离并永久影响就业前景。尽管在非欧盟发达国家内，青年失业水平一般都较低，但仍远高于成年失业率。比如，2013年美国青年失业的可能性是成年失业的2.6倍，日本是1.8倍，加拿大是2.3倍，而在新西兰，这一比例则远高于前三者，达到3.6倍。导致这一结果的部分原因是岗位创造速度慢于人口增速。

① 这一指标反映的是面临贫困风险或物质极为匮乏或家庭劳动强度极低的人口的总和。物质匮乏涵盖与经济紧张和经济耐用品相关的指标。物质极为匮乏的人由于缺乏资源，其生活条件极为艰苦，据欧洲统计局统计，在9种匮乏物质中，他们至少缺乏4种。

② 在一些情况下，由于参与率下滑，失业率也随之下降。

③ 经济合作与发展组织数据库，2014年11月6日访问。

中欧和东南欧（非欧盟）及独联体

政治动荡和能源价格下跌造成增长放缓

危机爆发时，国内生产总值还相对稳健，2009—2013 年的年平均增长达到 4.2%——这部分得益于高企的能源与商品价格。然而，这依然低于内需预期。由于私营部门严重疲软，失业率居高不下，（因不良贷款高昂而承受压力的）本地银行对公信贷条件紧缩，内需一直比较疲弱。① 这导致 2012 年以来中欧和东南欧及独联体的产出增长放缓，从 2011 年的 5.6% 减至 2013 年的 2.6%。

此外，由于油价下跌，2015 年的增长预计将进一步放缓，这将导致俄罗斯的经济出现减速。中欧和东南欧及独联体特别容易受到俄罗斯经济状况的影响。比如，2012 年该地区一半的国内生产总值是俄罗斯直接贡献的，俄罗斯也是该地区诸多国家的主要贸易伙伴。因此，该地区的经济产出有赖于几个主要发展因素，其中包括能源价格、美国的货币政策、欧盟的经济状况和乌克兰的政治动荡（见专栏 2.3）。

这些发展对融资条件、贸易和汇款产生了溢出效应：

- *融资成本与机会*：未来的加息风险以及因美国退出量化宽松政策而造成的全球利率上浮可能会抑制增长。多数中欧和东南欧国家以及哈萨克斯坦都十分依赖外部融资（外国直接投资、跨境借贷、证券投资），而且自金融危机爆发以来，这种依赖已进一步加深。对外部融资的高度依赖或会让借款者受到外部冲击。此外，对于依赖外部融资的政府，公共财政也许会受到抑制。

专栏 2.3 地缘政治紧张影响中欧和东南欧及独联体的各经济体

因乌克兰局势造成的地缘政治紧张殃及整个地区。欧盟、美国以及其他各国对俄罗斯采取的经济制裁遭遇了反制裁，俄罗斯禁止向这些经济体进口货物，这影响了制裁双方以及俄罗斯的很多中东欧/独联体贸易合作伙伴的投资与贸易活动。

而在乌克兰，2014 年 4 月与国际货币基金组织签订的贷款协议让其成功规避了异常公共债务违约。2014 年 2 月，乌克兰的货币（格里夫纳）贬值 40%，然而，继与主要贸易合作伙伴俄罗斯的贸易联系破裂，以及因东乌克兰冲突造成的工业生产下滑之后，出口的缩水又让格里夫纳进一步贬值。货币的贬值，加上能源补贴的取消，让乌克兰面临通胀压力。对此，乌克兰国家银行的反应是增加主要利率，这给企业界带来了额外的负面影响。此外，预算收入的缩水以及高昂的军费开支也加剧了预算赤字。

资料来源：国际劳工组织研究部根据世界银行的数据的估算（2014a）。

---

① 强劲的内需让土耳其脱颖而出，这也让其 2013 年的经济增长升至 4%。

● 贸易：欧盟经济放缓以及俄罗斯需求疲弱削弱了出口增长，特别是独联体国家的出口增长，这些国家与俄罗斯建立了诸多贸易关系。中欧和东南欧国家高度依赖俄罗斯的石油和天然气。另外，俄罗斯对来自美国和欧盟的进口食品实行禁运，可能会刺激白俄罗斯和哈萨克斯坦（俄罗斯与其建立了关税同盟）的食品出口，还会刺激亚美尼亚、阿塞拜疆、吉尔吉斯斯坦、塞尔维亚和土耳其的食品出口，从而进一步推动这些国家的国内生产总值。

● 汇款下跌：汇款构成了独联体国家的一个重要收入来源。对于亚美尼亚、摩尔多瓦、吉尔吉斯斯坦、塔吉克斯坦而言，汇款一旦出现大幅下跌，将对其产生严重影响（在塔吉克斯坦，汇款贡献了52%的国内生产总值，而在吉尔吉斯斯坦，这一比例为31%）。俄罗斯的经济状况以及乌克兰深陷衰退这一事实可能会造成2014年的汇款下跌，并对移民迁出国的家庭消费、经济增长和社会发展造成负面影响。

在这些因素的影响下，劳动力市场的回暖可能会因此停滞

在2009—2014年间，由于劳动力参与率的提高，就业人口比率增加了2个百分点，从53.1%升至55.3%（参见表2.3）。尽管增速放缓，俄罗斯的就业率仍出现了上升：2014年，俄罗斯在中欧和东南欧及独联体的总就业人口中的占比达到43.5%，但在同一时期，其在该地区的总就业率增幅中仅贡献了18.2%。

与此同时，失业率继续下跌，预计2014年达到7.7%，即比2008年下跌了0.4个百分点（参见图2.3）。2015年，失业率预计将再次上升，这主要是因为乌克兰的失业率预计可能从2014的7.7%升至今年的7.8%。此外，在该地区的一些国家内，尤其是巴尔干半岛，失业率仍居高不下。其中，2014年，塞尔维亚的失业率为22.2%，前南马其顿和波黑的失业率均为27.9%。

非正规就业的高发生率仍令人担忧，虽然弱势就业问题稍令人宽心，但仍不可小觑。事实上，2012年近3200万工作者属于弱势就业。这些不稳定的就业形式加上该地区人口老龄化的问题可能会导致中长期生产率增长乏力，从而削弱该地区追赶发达经济体的能力。正如下节所述，这也在影响工作性贫困的发生率。

表2.3 中欧和东南欧（非欧盟）及独联体的经济社会发展状况，2009—2019年（百分比）

	2009年	2012年	2013年	2014年	2015年	2016年	2017年	2018年	2019年
劳动力参与率	59.0	59.7	59.8	59.9	60.0	59.9	59.9	59.7	59.6
（总）失业率	9.9	8.0	7.8	7.7	7.8	7.8	7.8	7.8	7.8
青年失业率	20.0	17.4	16.8	16.8	16.9	16.9	17.1	17.1	17.1
就业率的增长	-1.3	1.1	0.6	0.4	0.1	0.1	-0.1	-0.1	-0.1
青年就业率的增长	-5.0	-4.6	-2.3	-3.2	-3.4	-3.0	-2.9	-2.5	-1.9
实际工资增长	-2.3	8.1	5.1	1.5	1.7	2.7	3.7	4.1	4.2
生产率增长	-5.1	1.9	2.0	0.6	1.7	2.6	3.0	3.2	3.3

注：地区工资与生产率增长涵盖19个国家中的16个，涉及对各国的估算与预测。若要查看总量数据中涵盖的国家的清单，并了解此次估算与之前出版的数据之间（ILO，2014b）的差异来源，请参阅附录4。

资料来源：国际劳工组织，《趋势计量经济学模型》，2014年10月；国际劳工组织，全球工资数据库，2014年12月；国际劳工组织研究部。

图 2.3 2008 年、2009 年及 2014 年中欧和东南欧及独联体地区和部分国家的失业率（百分比）

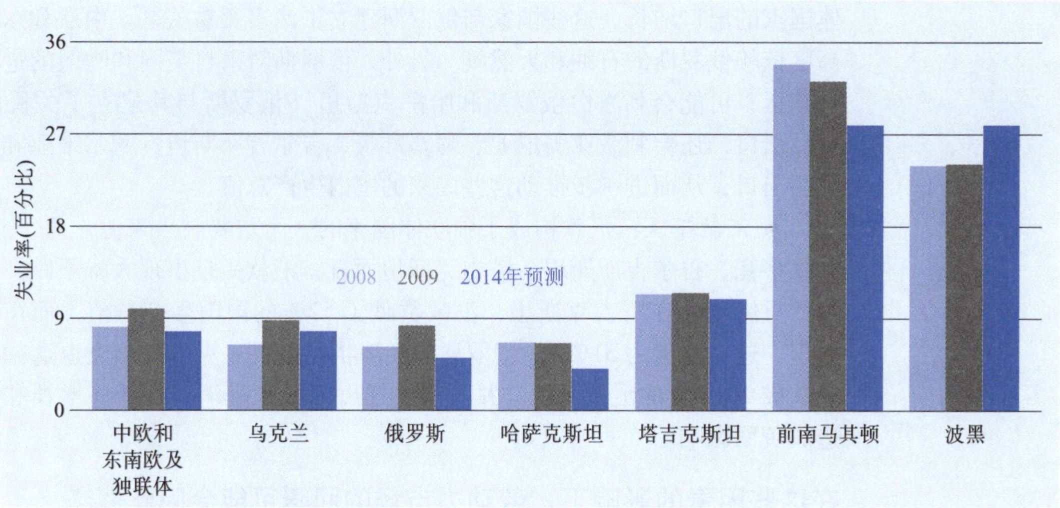

资料来源：国际劳工组织研究部基于 2014 年 10 月《趋势计量经济学模型》的估算。

社会形势与社会平等仍是一大问题

在 21 世纪的最初几年，收入不平等状况得到大幅改善，但在此之后，进展却放缓，而且自危机爆发以来，在 9 个可获得数据的国家中有 6 个出现了收入不平等加剧的状况，收入不平等采用基尼指数加以衡量（参见表 2.4）。在那些收入不平等状况已十分严峻的国家中，情况正是如此，这些国家包括格鲁吉亚、俄罗斯和土耳其。然而，令人惊讶的是，这些国家却在脱贫方面表现得更为出色。比如，在土耳其和格鲁吉亚，生活在贫困线以下的人口比例下降了 6 个百分点，而在俄罗斯，这个比例则下降了 3 个百分点。

与此相反，亚美尼亚、吉尔吉斯斯坦和乌克兰的贫困率却出现了上升，但自 2007 年以来，这些国家的不平等状况相对稳定。2008—2012 年，根据国际贫困线标准，即日收入 1.25 美元（购买力平价）和日收入 2 美元（购买力平价）的水平，在吉尔吉斯斯坦，生活在这两条贫困线以下的人口比例出现上升；同一时期，在亚美尼亚，极端贫困人口（日收入 1.25 美元）的比例上升，而中度贫困人口（日收入 2 美元）的比例下降。这表明，亚美尼亚的政策可能并没有触及极端贫困的人口。只有少数国家同时减少了收入不平等和贫困状况。

出台有效且可持续的政策来应对贫困、不平等、社会排斥和边缘化风险仍是该地区面临的主要挑战。目前，该地区亟待解决的一个社会问题是因政治和军事

表 2.4 中欧和东南欧及独联体部分国家的收入不平等与贫困状况

国家	基尼指数		贫困率（百分比）	
	2007 年	2012 年或最新	2007 年	2012 年或最新
亚美尼亚	29.8	30.3	27.6	32.1
白俄罗斯	28.7	26.4	7.7	6.3
格鲁吉亚	40.6	42.1	20.1	14.8
哈萨克斯坦	29.6	28.5	12.7	2.9
吉尔吉斯斯坦	33.4	33.4	35.0	38.0
俄罗斯	39.2	39.7	13.3	10.7
土耳其	38.4	40.1	8.4	2.3
乌克兰	29.6	24.6	7.1	9.1

资料来源：世界银行，《世界发展指标》数据库（2014 年 10 月访问）。

冲突以及国内外民众流离失所造成的人道危机。根据联合国最新报告的估算，东乌克兰的冲突造成了约 26 万民众失去家园，在该国其他地区寻求难民庇护，而俄罗斯的乌克兰难民估计高达 82 万。此外，土耳其接收了叙利亚危机造成的 160 万名难民，严重加剧了人道、住房和就业紧张。

拉丁美洲和加勒比地区

经历了十年的强劲增长之后，国内生产总值放缓至发达经济体的增长水平

2003—2012 年，拉丁美洲和加勒比地区的国内生产总值年均增速达到 3.7%。这一增长的驱动因素包括：（1）该地区的矿物质和农产品出口需求强劲，以及国际相关商品价格上涨；（2）资本流动；（3）内需增长（IMF，2014d）。在这一时期，拉丁美洲和加勒比地区的增长高出发达经济体整整 2 个百分点（见图 2.4）。

危机之后，该地区出现了短暂的增长加快，国内生产总值年均增速于 2010 年达到 6%，但在此之后，增长开始放缓，逐步与发达经济体的增速持平。2014 年（及 2015 年），该地区的国内生产总值预计低于发达经济体的水平——这是 2002 年以来首次出现的状况。

造成近期增长放缓有几个因素，最明显的是全球总需求疲软、商品价格下跌。2011—2014 年，金属价格下跌超过 65%（而在 2003—2011 年间，价格却上涨了 4 倍以上）。[①]

经济增长的放缓也从一方面反映了生产率增长缓慢，这已经困扰该地区有一段时间了（2003—2012 年，生产率增速为 1.5%，而同期全球增速为 2%）。生产率增长乏力主要源于几个结构性问题，其中包括非正规就业率的居高不下、基础设施投入不足以及出口基地过于集中于商品和农产品等第一产业（ILO，2014e）。

图 2.4　拉丁美洲和加勒比地区以及发达经济体的国内生产总值年均增速，2003—2015 年（百分比）

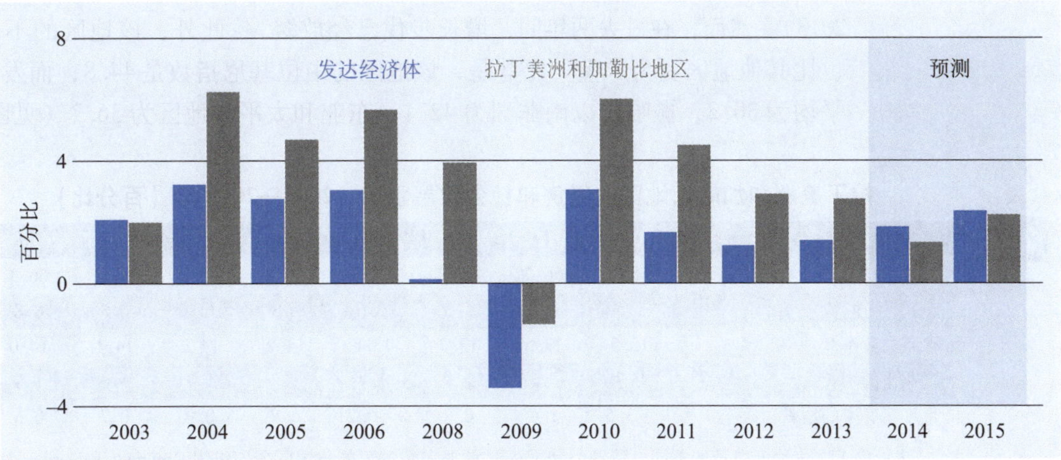

资料来源：国际劳工组织研究部基于国际货币基金组织 2014 年 10 月发布的《世界经济展望》。

① 基于国际货币基金组织的金属价格指数得出。2014 年数据为临时数据。

因此，劳动力市场和社会进步的步伐开始放缓

由于一些国家国内生产总值的快速增长以及有针对性的政策，该地区的失业率在过去十年内快速下跌——从 2003 年的 9.1% 跌至 2013 年的 6.3%（参见表 2.5）。城市失业率的下降速度更快，从 2003 年的 11% 降至 2013 年的 6.2%（拉丁美洲和加勒比经济委员会、国际劳工组织，2014）。但增长速度却在不断放缓：2013—2014 年间，失业率出现了 2009 年以来第一次上升，涨幅为 0.3 个百分点。此外，劳动力市场展望显示，2015 年失业率将达到 6.8%，并且将在未来几年内一直保持这个水平。尽管自 21 世纪初以来，男女失业率差距已经大幅缩小，但男性失业率仍远低于女性失业率——2013 年，两者分别为 5.2% 和 7.8%。

青年失业率也出现大幅下跌，从 2003 年的 17.5% 跌至 2013 年的 13.3%。但是，这是成年失业率的 2.8 倍——而成年失业率高于欧盟水平（如上所示）。实际上，青年在失业率中的占比并不成比例：在该地区总失业人口中，青年人口的占比为 40%，但在劳动适龄人口中，青年人口的占比仅为 24%。此外，相比成人，青年更倾向于接受非正规就业——56% 的青年工作者正从事非正规工作，而在成年人中这个比例为 46%（ILO，2013b）。最后，青年还受教育体系的差别的影响，并且难以轻松实现从在校学习向工作的过渡。①

尽管就业正规化一直在取得进展，但是非正规就业依然存在，这是拉丁美洲和加勒比地区劳动力市场面临的一个主要挑战。2013 年，该地区非正规就业人数的比例为 46.8%，低于 2005 年的 52%。多数非正规工作来自非正规经济部门（占总就业的 30.5%），而余下的非正规工作则来自正规经济部门（11.4%）和家政工作（4.9%）（ILO，2014j）。非正规就业在秘鲁（64%）、墨西哥（53.8%）和厄瓜多尔（11.4%）比较普遍，而阿根廷的非正规就业占比则与地区平均水平持平（46.8%）。哥斯达黎加（30.7%）、乌拉圭（33.1%）和巴西（36.5%）的非正规就业占比较低。

过去十年间，拉丁美洲和加勒比地区的不平等状况已经大幅降低——2002—2012 年，该地区的基尼指数从 55 降至 50，足足下降了 5 个点。这一方面由有技能工作者和无技能工作者之间小时工资的差距缩小所致，而差距缩小则是因为一些国家的最低工资大幅上升以及大量且更为进步的公共转移的出现（Lustig et al.，2013）。然而，在过去两年间，增长步伐已经放缓。② 此外，该地区的不平等状况也比其他地区更为严重。尤其是，该地区的中位基尼指数是 44.8，而发达经济体平均为 30.2，撒哈拉以南非洲为 42.1，东亚和太平洋地区为 36.7（见图 2.5）。

表 2.5 拉丁美洲和加勒比地区的经济和社会发展状况，2009—2019 年（百分比）

	2009 年	2012 年	2013 年	2014 年	2015 年	2016 年	2017 年	2018 年	2019 年
劳动力参与率	65.7	66.2	66.2	66.2	66.2	66.2	66.2	66.3	66.3
（总）失业率	7.5	6.3	6.3	6.6	6.8	6.9	6.8	6.8	6.8
青年失业率	15.5	13.5	13.3	13.8	14.2	14.2	14.1	14.0	14.0
就业率的增长	0.7	2.5	1.7	1.4	1.7	1.7	1.6	1.5	1.5
青年就业率的增长	-3.5	1.6	0.7	-0.2	0.8	0.9	0.7	0.6	0.4

注：由于方法论和口径的不同，劳动力和（失）就业率数据可能与国际劳工组织 Panorama Laboral 刊物提供的概算不同（ILO，2014g）。

资料来源：国际劳工组织，《趋势计量经济学模型》，2014 年 10 月；国际劳工组织研究部。

① 参见 Bassi et al. 的文章（2012），其详细描述了年轻人近期在劳动力市场及以外的表现及相关趋势。

② 拉丁美洲和加勒比地区社会经济数据库（分配、劳动和社会研究中心［CEDLAS］和世界银行）。

图 2.5

不平等水平仍相对较高（用基尼指数衡量）

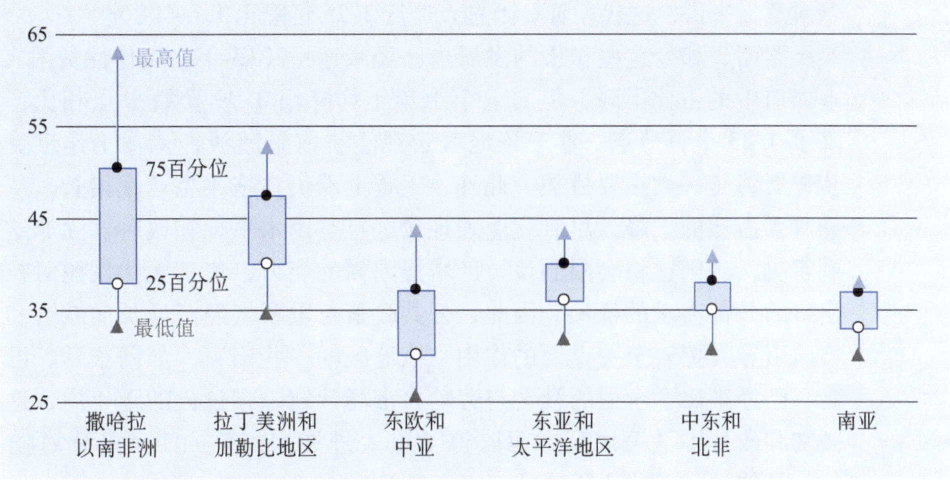

资料来源：国际劳工组织研究部基于 Alvaredo 和 Gasparini 的文章（2013）。本图的数据为2010年数据。

由于过去十年间劳动力市场表现整体得到改善，不平等状况得以减轻，拉丁美洲和加勒比地区的贫困水平大幅改善。工作性贫困者，即日收入低于 2 美元的人在总就业人口中的占比从 2003 年的 14.1% 降至 2013 年的 5.4%。与此同时，中产阶级，即日收入超过 13 美元（购买力平价）的人口在总人口中的占比从 17.8% 升至 30.4%。正因如此，贫困人口在总人口中的占比从 2002 年的 43.9%

专栏 2.4

拉丁美洲社会保障计划：秘鲁

过去十年间，在拉丁美洲和加勒比地区，秘鲁在脱贫方面取得的进展最大——2003—2012 年，贫困率从 52.5% 降至 23.7%。这一成绩主要是经济增长和财政政策以及社会保障计划的带动所致。其中一个例子就是国家扶贫计划（Juntos）。

这是 2005 年推出的一个有条件的现金转移计划，旨在通过改善弱势人群的营养、获得健康服务的机会和受教育机会来减少贫困。政府此举的长期目标是为下一代促进人力资本积累，以此来减少代与代之间贫困的传递，而短期目标则是通过现金转移来减少贫困。该计划主要面向儿童、孕妇和处于哺乳期的母亲。参加该计划的要求是定期到校和定期接受健康检查。

2008 年，政府决定为该计划提供进一步支持，将其列为社会脱贫政策的一个关键要素。通过与世界银行合作，秘鲁政府密切监督该计划的执行，并评估其价值。秘鲁政府发现，该计划小幅降低了贫困水平，并对收入和消费产生了积极影响。[1]此外，该计划还增加了妇女和儿童获得健康服务的机会，并提高了学校出勤率。最后，近期研究发现，参与该计划的时间越长，计划的影响越大。[2]

评估这类计划对政府寻找有效计划至关重要。在秘鲁，秘鲁国家家庭调研中是否有关于家庭参与 Juntos 计划的具体问题是让这些评估成为可能的一大关键要素。然而，若要发现秘鲁和该地区其他国家的诸多其他重要的社会和劳动力市场政策的效果，其他方面的努力也十分必要。有鉴于此，国际劳工组织研究部将于今年夏季发布一份报告，介绍拉丁美洲现有劳动力市场政策的有效性。[3]

[1] Perova and Vakis（2009）。[2] Perova and Vakis（2011）。[3] ILO（即将公布）。

降至2013年的27.9%，总人口涵盖所有年龄群，包括所有在职者和失业者。从绝对意义来讲，这代表着贫困总人口从2.25亿降至1.64亿。[①]

然而，如今这些积极的发展也已经减速：2013年，工作性贫困人口在总就业人口中的占比下降，但与上个十年年均降幅0.79个百分点相比，这次仅下降了0.23个百分点。鉴于该地区宏观经济前景暗淡，减贫工作想要取得进一步进展将是一大重要挑战。此外，工资上涨仍在拖累生产率增长，从而导致劳动收入占比的下降，尽管就业表现较好且贫困水平也在改善。除非这个问题得到解决，否则这将会限制该地区增强内需的能力，使其无法摆脱对拉动其商品出口的外部需求的依赖。因此，公共政策对重新将经济增长向减贫和共同富裕方向引导发挥着至关重要的作用。该地区的一些国家，如阿根廷、巴西和乌拉圭，已经推出了全面的社会与劳动力市场计划，在过去的十年内，这些计划在减贫和改善不平等状况方面取得了重大进展。秘鲁的Juntos计划就是其中一例，具体请见专栏2.4。

东亚

中国经济的放缓影响着该地区的增长前景

作为该地区最大的经济体，中国2014年的经济增长估计已降至7.4%，而2013年则为7.7%。[②] 2014年第三季度的经济指标大幅下滑，固定资产投资、工业生产和外国直接投资的增速纷纷放缓，并且跌至近年来前所未见的水平。有鉴于此，中国人民银行于2014年11月降低了存贷款基准利率。

经济增长的放缓一方面反映了全球经济增长放缓造成的外部需求持续疲软，同时也表明中国政府在再次调整经济、加重其对家庭消费的依赖、减少对投资与出口的依赖方面仅取得了极为有限的成果。家庭消费在国内生产总值中的占比从2010年的34.9%升至2013年的36.2%。此外，尽管加息预计会使信贷实现一个更可持续的增长，但事实却是带来了信贷增长的放缓。公共投资和过去十年促进国内生产总值增长的一个重要因素——基础设施支出的限制已经减少，但仍有助于减少中期财政赤字。

影响中国中期前景的一个主要因素是其房地产业增长乏力。在过去十年间，房地产投资（包括建设）对其经济增长和就业作出了日益重要的贡献，其贡献值从2000年的5%—6%增至2012年的15%左右，并占2012年城市就业总人口的14%左右（IMF，2014b）。造成这些趋势的因素包括低利率、公司普遍将房地产作为公司借款的抵押物以及房地产是当地政府一个重要的资金来源。就投资活动而言，房地产业已开始下滑，且存在突然或无序下滑的风险，而后者会对就业和产出造成负面影响。

在中国经济放缓的同时，东亚经济2014年的增长预计达到6.8%，而产出增长则在2015年降至6.6%。逆势增长的国家包括韩国和蒙古，其2014年的经济增长预计分别增至3.7%和9.1%。[③]

---

① 拉丁美洲和加勒比地区经济委员会数据库。

② 基于国际货币基金组织（2014a）的中国国内生产总值数据的预测。

③ 蒙古与韩国的国内生产总值预测基于国际货币基金组织（2014b）的数据得出。

受过良好教育的新工作者也受到影响，加剧人口挑战

由于东亚经济减速，失业率出现缓慢但稳定的上升（参见表2.6）。有鉴于此，失业率预计已从2010年的4.2%增至2014年的4.6%。在这期间，青年失业率的增长更为明显，从2010年的9%增至2014年的10.5%，而成年失业率估计已从2010年的3.2%增至2014年的3.7%。这反映了青年难以找到与其技能和期望相匹配的工作。比如，中国2013年的城市失业率仅稍高于4%，但同一地区注册毕业生的失业率却是这个数字的两倍多（见专栏2.5）。

在东亚，出生率依然高于死亡率（每1000人中有12.9人出生，7.3人死亡），但增速低于1990年（每1000人中有21.5人出生，6.8人死亡）。这造成人口增速大幅放缓：从2000—2009年年均1.6%降至2010—2014年的年均0.7%。比如，中国的老年抚养比率——此处指年满65岁及以上的老人在每100个劳动适龄人口（15—64岁）中的占比——从1990年的8.9%增至2013年的12.4%，并预计将于2030年达到23.8%。在其他地区，如韩国，这一比率预计将从2013年的16.8%增至2030年的37.1%；同一时期，蒙古的该比率将从5.5%增至10.6%。这些趋势对国内生产总值增长将造成多大程度的下行压力在一定程度上取决于繁荣期的财富积累。

相对于51.5%的全球平均比例，东亚的老年人获得养老金的比例较高。在中

表 2.6 东亚的经济社会发展状况，2009—2019年（百分比）

	2009年	2012年	2013年	2014年	2015年	2016年	2017年	2018年	2019年
劳动力参与率	70.7	70.6	70.8	70.8	70.9	70.8	70.7	70.5	70.3
（总）失业率	4.4	4.4	4.5	4.6	4.8	4.9	4.9	5.0	5.0
青年失业率	9.4	9.7	10.1	10.5	10.8	11.1	11.4	11.6	11.7
就业率的增长	0.4	0.8	0.7	0.5	0.4	0.3	0.2	0.1	0.1
青年就业率的增长	-2.3	-3.9	-5.2	-5.7	-5.5	-5.1	-4.8	-4.3	-3.5
实际工资增长	7.5	7.7	7.1	6.9	6.9	6.9	6.8	6.8	6.7
生产率增长	7.1	5.9	6.2	6.3	6.2	6.1	6.1	6.0	5.9

注：地区工资与生产力增长涵盖7个国家中的3个，涉及对各国的估算与预测。若要查看总量数据中涵盖的国家的清单，并了解此次估算与之前出版的数据（ILO，2014b）之间的差异来源，请参阅附录4。

资料来源：国际劳工组织，《趋势计量经济学模型》，2014年10月；国际劳工组织，全球工资数据库，2014年12月；国际劳工组织研究部。

专栏 2.5 中国毕业生：好工作不够多

为扩大国内的高等教育，在2003—2013年期间，中国政府将大学数目从1552所增至2491所。与此同时，将中等职业学校的数目减少16.4%（从14682所减至12281所）。此外，2013年，640万大学毕业生进入劳动力市场，是2003年的4.4倍（国家统计局，2014）。《2014年中国大学生就业报告》显示，中国目前面临如何解决毕业生失业这个重大挑战，2013年大学生失业率为8.6%。而在找到工作的新毕业生中，平均月薪仅为3250元（截至2013年，相当于525美元），是城市在职人士平均月薪的4/5左右。[1]2013年，约56%的毕业生表示对目前工作不满意。因此，中国目前面临的一个主要挑战是更为充分地发挥新毕业生在经济中的潜力。

[1]基于国家统计局的数据（2014）的计算，并假设100美元＝619.32元。

资料来源：NBS（2014），2014年年度报告——《就业蓝皮书》，社会科学文献出版社（中国）。

国和韩国，四个老人中有三个可申领养老金，而蒙古则实现了养老金全覆盖。2014 年年初，中国更进一步，将分立的养老金计划融合在一起，同时增加措施，以此增强其国内的社会保障体系，解决充分性、平等、便利性和可持续性问题。在韩国，要解决老龄化问题，就要提高女性在经济活动中的参与率，如通过改善育儿和产假福利，而近期政策计划中也提出类似纲要，以实现 70% 的就业率这个目标。这不仅有助于缓解人们对老龄化相关问题的担忧，还能弥合劳动力市场上的性别差距。

该地区的社会前景可能会被收入的高度不平等所拖累（有些地区的不平等状况还在加剧）。比如，中国的基尼指数从 1990 年的 32.4 升至 2002 年的 42.6，并在之后基本一直保持这个水平。① 与此同时，最富裕的 10% 人口所持总收入的占比从 1990 年的 25.3% 升至 2009 年的 30%，增幅为 4.7 个百分点。同样，在蒙古，可比收入占比从 1998 年的 22.9% 增至 2008 年的 28.4%，增幅达到 5.5 个百分点，这表明自然资源收入的分配愈加不平衡。

在这种情况下，中国将政策重点转向了推动消费和工资，将其作为改革和再平衡增长的关键举措。中国政府积极利用最低工资政策，在过去的 10 多年间，最低工资一直以年均两位数的速度增长。其他政策旨在加快城市化，以弥合农村和城市之间的收入与机会差距。②

东南亚和太平洋地区

该地区大型经济体的发展正在拖累其国内生产总值的增长

东南亚和太平洋地区的经济增长预计已跌破 2014 年的 5%，后者是 2008 年以来的最低水平。该地区的增长主要受地区最大经济体印度尼西亚的发展所影响。2013 年年初以来，印度尼西亚的出口一直保持疲弱态势。尽管这种颓势在近几个月有所放缓，但自 2013 年 2 月以来，出口一直保持同比负增长。为提高附加值所采取的国内政策以及中国经济增长放缓带来的溢出效应严重影响了印度尼西亚的出口增长。

表 2.7 东南亚和太平洋地区的经济社会发展状况，2009—2019 年（百分比）

	2009 年	2012 年	2013 年	2014 年	2015 年	2016 年	2017 年	2018 年	2019 年
劳动力参与率	70.3	70.4	70.4	70.4	70.4	70.3	70.2	70.1	70.0
（总）失业率	5.2	4.1	4.3	4.3	4.3	4.2	4.2	4.2	4.1
青年失业率	14.0	12.7	13.6	13.6	13.6	13.6	13.6	13.6	13.5
就业率的增长	1.8	2.0	1.5	1.6	1.5	1.5	1.4	1.4	1.3
青年就业率的增长	-0.2	0.6	-0.7	0.3	0.0	-0.1	-0.2	-0.2	-0.1
实际工资增长	2.6	3.6	6.1	1.9	3.1	3.4	3.7	3.7	3.8
生产率增长	0.0	4.0	3.4	2.8	3.7	3.7	3.9	4.0	4.0

注：地区工资与生产力增速涵盖 14 个国家中的 7 个，涉及对各国的估算与预测。若要查看总量数据中涵盖的国家的清单，并了解此次估算与之前出版的数据（ILO，2014b）之间的差异来源，请参阅附录 4。

资料来源：国际劳工组织，《趋势计量经济学模型》，2014 年 10 月；国际劳工组织，全球工资数据库，2014 年 12 月；国际劳工组织研究部。

① 世界银行（2014c）提供的最新信息显示，2010 年中国的基尼指数为 42.1。

② 更多探讨，参见 ADB（2014）和 Buckley（2014）。

同样，泰国的政治局势也严重影响了该地区的经济增长：由于泰国的政治不确定性打击了消费者与企业的情绪，影响了旅游业，该国 2014 年的国内生产总值年均增长预计已跌破 1.5%。[①] 相似地，由于制造业的发展，菲律宾的经济保持稳健增长，但 2014 年的增速肯定已跌至 6.5%，而 2013 年为 7.2%。[②] 相反，2014 年，斐济、巴布亚新几内亚、东帝汶的国内生产总值增长预计出现提速，分别达到 3.8%、9% 和 6%。[③]

突然的资本流动逆转仍是困扰该地区的一大难题。2014 年上半年，东盟十个成员国的净流动出现反弹，但是人们仍然担心，如果全球投资者重新评估政策利率差额和风险前景，资本流动或会很快再次紧缩。但目前东盟国家的外国直接投资净流入仍保持相对稳定，即便近期金融市场出现动荡，情况也是如此。除了可能会受到发达经济体，尤其是美国的货币政策的溢出效应影响之外，由于该地区与中国的贸易和投资联系日益紧密，该地区还可能会受到中国经济放缓和再平衡的溢出效应的影响。[④] 以中国为例，研究显示，中国产出增长每减少 1 个百分点，东盟五国的国内生产总值（中等水平）增长就可能会减少 0.35 个百分点（IMF，2014c）。[⑤]

包括青年与女性在内的就业情况保持稳定，但结构化转型将导致制度挑战

2010—2014 年间，整体就业率年均增长达到 1.8%。与此同时，女性就业率增长稍快，达到 1.9%，高于男性的 1.7%。这可能是受几个国家的趋势所驱动，这些国家包括印度尼西亚、马来西亚和越南（参见专栏 2.6）。在这些国家中，劳动密集型的制造业和与贸易相关的服务业是促成女性就业率增长的主要行业。此外，女性在弱势就业中的占比在同一时期下降了 1.7 个百分点，而男性的这个比例则下跌了 1 个百分点。[⑥] 青年就业的情况较为稳健，2010—2013 年青年就业岗位创造年均增长达到 0.6%，而在 2000—2009 年男女青年的就业率年均降幅相同。

整体就业态势仍在演变：农业就业占比进一步下降，而该地区经济融合程度的增强则会对劳动力市场和社会产生重要影响。[⑦] 就后者而言，东盟经济共同体将于 2015 年成为一个单一的共同市场和生产基地。[⑧] 这可能会增强贸易与投资流动，并加速结构性变革。但是就其对劳动力市场的影响而言，分析显示东盟经济共同体带来的好处可能并不均衡（国际劳工组织和亚洲开发银行，2014）。一些行业（和国家）的劳动力需求可能会增强，但另外一些行业（和国家）则可能正好相反。如果缺乏强劲的社会保障举措和就业服务，多余劳动力和缺乏合适技

---

① 根据泰国银行的数据得出国内生产总值预测。

② 2014 年第二季度，制造业同比增长 10.2%。

③ 斐济的增长预计是 1999 年以来的最高水平，原因是随着 2014 年 9 月民主选举的临近，各界增强了对经济的信心。

④ 东盟与中国的总贸易占比从 2000 年的 4.4% 攀升至 2012 年的 13.1%。参见 ILO 和 ADB（2014 年）。

⑤ 其他研究发现，中国投资增长每下降 1 个百分点，马来西亚和韩国的国内生产总值增长就会下降约 0.6 个百分点，泰国会下降约 0.4 个百分点，而菲律宾则会下降约 0.2 个百分点。参见 Ahuja and Nabar（2012）。

⑥ 然而，尽管女性在东南亚劳动力市场上的地位已经显著提高，但该地区的男女性就业情况依然存在差异。2010—2014 年间，劳动力参与率的差距保持稳定，达到约 23 个百分点，但是相比于 55.6% 的男性弱势就业率，女性的弱势就业率则高得多，达到 62.6%。

⑦ 农业就业占比从 2010 年的 40.5% 降至 2014 年的 37.1%（尽管泰国的农业就业占比已小幅回升）。在萨摩亚，极低的劳动力参与率在很大程度上是因为自给农业的高度重要性和持续性所致。实际上，2010—2013 年间，泰国的农业就业出现了小幅增长（第三季度），男性的农业就业率从 42.4% 增至 44.1%，而女性则从 38.7% 增至 39.3%（ILO，2014h）。

⑧ 东盟的十个成员国包括文莱、柬埔寨、印度尼西亚、老挝、马来西亚、缅甸、菲律宾、新加坡、泰国和越南。

专栏
2.6

马来西亚的女性就业情况

2010—2013年间，马来西亚女性工作者的就业增长高于男性（5.9%比2.2%）。然而，就业质量状况仍令人忧心忡忡，因为在女性工作者中有一半（约46%）属于弱势就业，而男性弱势就业比例却不到10%。

此外，接受女性从业的其他行业主要是服务业（79.5%），其次是工业（15.8%）和农业（4.7%）。相比较而言，男性在农业的就业率收缩了3.9%。男性就业增长最快的行业是服务业（59.4%），其次是工业（44.4%）。

图 **2.6** **2010年、2013年马来西亚男女性就业水平**

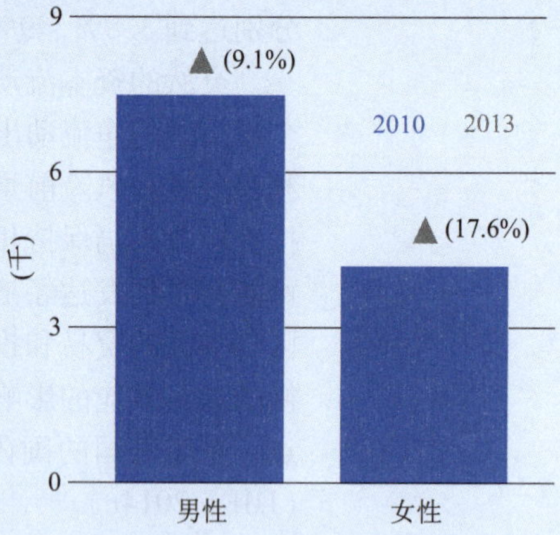

注：括号内的数字代表2010—2013年就业水平的百分比增长。

资料来源：ILOSTAT，马来西亚劳动力调查。

能的年轻毕业生的社会前景可能堪忧。此外，还需要建立强大而恰当的工资设定机构，以避免各国采取以邻为壑战略，这一战略可能会妨碍减贫和改善不平等工作取得进一步进展。

事实上，除了一些例外情况之外，相对于全球平均8.6%的水平而言，该地区在社会保障方面的公共投资较为有限，而且劳动力市场机构的发展并不充分。然而，以柬埔寨和越南为例，这两个国家近来在这方面取得了重大进展，利用三方工资设定机制解决了工资设定机构的缺陷，这个机制至少涵盖了一些行业。

最后，影响该地区社会前景的一个关键的推动因素是气候变化和频繁的自然灾害的影响，后者破坏了人们的生活和社区。比如，2012年12月飓风埃文严重影响了萨摩亚的经济，造成的破坏与损失估计达到国内生产总值的30%（ILO，2014i）。在菲律宾，2013年11月台风海燕影响了约590万工作者及其家庭（ILO，2013c）。在这种情况下，包括社会保障措施和紧急就业响应在内的重建策略能帮助受影响工作者快速恢复他们的生活、家庭和社区。通过增强国际合作，加大对灾难防备和风险规避的投资也会有所帮助。①

① 更多讨论，参见United Nations（2014）。

南亚

增长在复苏，但来自全球和国内的挑战依然存在

2012—2013 年间，该地区最大的经济体印度经历了严重的经济放缓，增速跌破 5%，这主要是因为工业产出疲弱所致。在这之后的 2014 年，印度的经济增长小幅提速，达到 5.4%，这说明服务业的增长加快，且季度表现好于预期。

近年来，孟加拉国和斯里兰卡的经济增长较为稳健。由于强劲的出口（服装行业拉动）和消费（汇款汇入推动）增长的拉动，孟加拉国的经济在较长时期内保持了 6% 左右的增长。斯里兰卡的经济表现甚至更为出色，2014 年国内生产总值增长估计达到 7%，这主要归功于坚挺的国内需求以及出口和旅游业的增长。

尼泊尔和巴基斯坦的经济增长一直低于地区平均水平，这主要是因为前者近年来一直受政治紧张所困扰，而后者则深陷不安全、政治不确定和宏观经济基本面疲弱的泥沼之中。阿富汗和马尔代夫的经济增长在 2014 年出现下滑。

与其他发展中地区一样，南亚也面临着因发达经济体货币政策的溢出效应以及能源价格下跌造成的不确定性。作为该地区主要的外国直接投资和机构投资流入国，印度在 2013 年遭受重挫。在 2013—2014 财年，该国的外国直接投资流入达到 360 亿美元，外国机构投资净流入则在该财年的头三个月达到 125 亿美元。[①] 但是在此之后，外国机构投资出现快速逆转：2013 年 6 月—8 月，外国机构投资净流出达到 154 亿美元，之后，由于印度储备银行采取措施，到 2013 年年底，短期资本流动才得以稳定并回归。

非正规就业和工作性贫困加剧失业率的增长

失业率增长是南亚目前面临的一个非常严重的挑战。2009—2014 年，该地区年均经济增长达到 6.1%，而与此同时，就业率年均增长仅为 1.4%（见表 2.8）。此外，推动就业率增长的主要因素是弱势就业和非正规就业（IILS, 2013）。比如，2014 年弱势就业在所有就业中的占比超过 3/4，而弱势就业中的多数从事的是自给农业，并且有可能成为工作性贫困者。另外，该地区的多数女性仍属于弱势就业，2014 年这个比例达到 62%，而男性则为 42.1%。在多数南亚国家，女性劳动力参与率低是一大挑战，但尼泊尔除外（参见图 2.7）。一般来说，南亚地区女性参与率低的原因主要是女性需要承担家庭义务这个社会准则的约束和女性受教育程度较低这个事实。

南亚的结构性转型进程目前尚未完成。2014 年，农业在该地区总就业中的占比达到 46.8%，而全球平均则为 29.1%。[②] 尽管农业占比低于 2008 年的 52.2%，但是农业转移人口以及大量刚进入劳动力市场的青年却缺乏优质工作的机会。在未来 5 年内，劳动力市场将新增 210 万年轻劳动者，这可能会进一步恶化本就居高不下的青年失业率。目前，青年失业率是成年失业率的 4 倍。

南亚地区的失业率比较低，2014 年为 3.9%——低于其他所有地区——但这无法反映岗位质量。2014 年，日收入低于 1.25 美元（购买力平价）的在职人口占比估计为 19.3%——相当于 1.24 亿人。只有撒哈拉以南非洲地区的占比较高。

---

① 中国进出口银行，http://www.eximbankindia.in/sites/default/files/ind-eco.pdf。

② 不同国家的制造业就业率有很大差异：尼泊尔仅为 6.6%，而斯里兰卡却高达 18.5%。

表 2.8 南亚的经济社会发展状况，2009—2019 年（百分比）

	2009 年	2012 年	2013 年	2014 年	2015 年	2016 年	2017 年	2018 年	2019 年
劳动力参与率	57.8	56.1	56.1	56.2	56.2	56.3	56.3	56.3	56.3
（总）失业率	4.2	3.9	3.9	3.9	3.9	4.0	4.0	4.0	4.0
青年失业率	9.8	9.9	9.9	10.0	10.1	10.2	10.2	10.3	10.3
就业率的增长	0.7	1.0	2.0	1.9	1.9	1.8	1.8	1.7	1.7
青年就业率的增长	-2.1	-1.8	0.6	0.4	0.3	0.3	0.3	0.2	0.1
实际工资增长	4.8	1.3	3.3	2.3	2.7	3.1	3.3	3.5	3.6
生产率增长	6.8	3.8	3.2	3.6	4.2	4.4	4.6	4.8	4.8

注：地区工资与生产力增速涵盖 8 个国家中的 5 个，涉及对各国的估算与预测。若要查看总量数据中涵盖的国家的清单，并了解此次估算与之前出版的数据之间（ILO，2014b）的差异来源，请参阅附录 4。

资料来源：国际劳工组织，《趋势计量经济学模型》，2014 年 10 月；国际劳工组织，全球工资数据库，2014 年 12 月；国际劳工组织研究部。

图 2.7 部分国家劳动力参与率的性别差异（百分比）

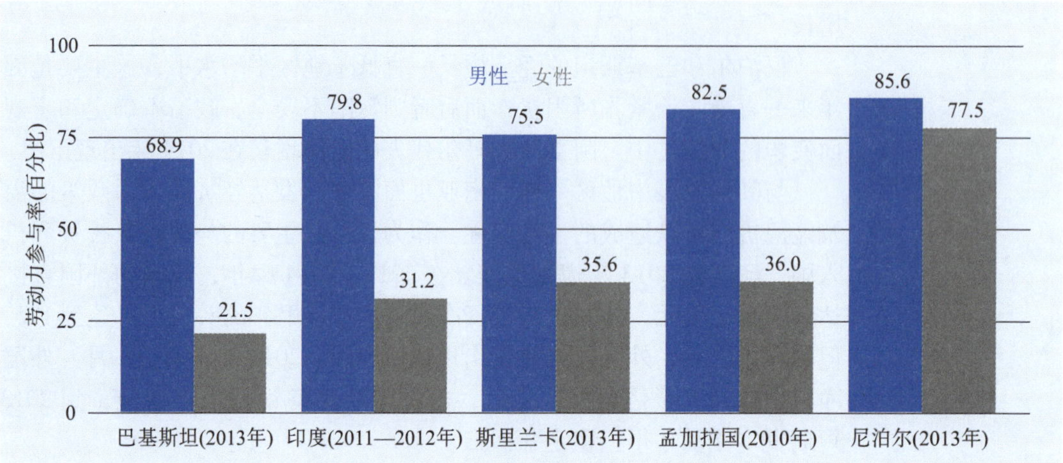

资料来源：国际劳工组织研究部基于 ILOSTAT 和各国数据的计算。

日收入低于 2 美元（购买力平价）的人口情况也同样如此，占在职人口总数的一半以上（2014 年为 54.4%），相当于 3.5 亿人。

尽管如此，在过去十年间，该地区许多国家均已成功减少了极端贫困人口数量，这在很大程度上是因为印度、孟加拉和尼泊尔等国在国家发展计划中都将重点放在了减贫工作上，如印度的农村就业保证计划和扩大贫困人口的融资机会计划。在孟加拉国，日收入低于 1.25 美元（购买力平价）的人口占比从 2000 年的 58.6% 降至 2010 年的 43.3%，而在尼泊尔，这个比例从 2003 年的 53.1% 跌

表 2.9 部分国家的贫困人口比率与不平等状况（最新数据）

国家	日收入为 1.25 美元（购买力平价）的贫困人口（占总人口）比率	日收入为 2 美元（购买力平价）的贫困人口（占总人口）比率	基尼指数
阿富汗	—	—	27.8（2008 年）
孟加拉国	43.3	76.5	32.1（2010 年）
不丹	1.7	15.5	38.7（2012 年）
印度	24.7	60.5	33.9（2010 年）
马尔代夫	1.5	12.2	37.4（2004 年）
尼泊尔	23.7	55.9	32.8（2010 年）
巴基斯坦	12.7	50.6	29.6（2011 年）
斯里兰卡	4.1	23.9	36.4（2010 年）

资料来源：世界银行贫困与平等数据库，PovcalNet。

至2010年的23.7%（参见表2.9）。印度和巴基斯坦也出现了类似的降幅，2011年，两国日收入低于1.25美元（购买力平价）的人口占比分别达到24.7%和12.7%。在过去十年间，不丹、马尔代夫和斯里兰卡几乎已经完全消除极端贫困。然而，这些国家的收入不平等情况却是该地区最严重的，并且在过去十年间几乎并未得到改变。这说明，减贫并不能自动转化成经济增长利益更为平均的分配。日收入低于2美元（购买力平价）的人口占比仍非常高，在印度，这个比例为60%（2012年），而在巴基斯坦（2011年）和尼泊尔（2010年），这个比例已超过50%。这种情况在孟加拉国更为严重，2010年该国每4个人中就有3个人的日收入低于2美元（购买力平价）。

中东和北非

地缘政治的不确定性依然抑制着该地区的经济增长

艰难的政治过渡、安全挑战以及不断升级的地区冲突继续拖累该地区的经济前景。该地区的国内生产总值预计2014年维持不温不火的增长，保持2.6%左右的水平，稍高于2013年的2.3%。这表明该地区经济发展大幅放缓，2000—2012年年均增速达到5.3%。2015年，国内生产总值增长应达到3.8%。然而，经济增长预期将不足以压低居高不下的失业率。

受大量汇款和公共补贴的拉动，国内需求将继续推动石油进口经济体的增长，2014年，这些经济体的平均增长预计达到3%左右，2015年则预计达到4%。2014年，埃及和黎巴嫩的国内生产总值预计低于平均水平，而摩洛哥和突尼斯将分别实现3.5%和2.8%的增长。

油价下跌、冲突以及不稳定的安全局势继续拖累该地区许多国家的经济前景。虽然2014年海湾合作委员会成员国①的国内生产总值保持稳定——沙特阿拉伯增长4.6%，卡塔尔为6.5%，但这并未考虑到2014年下半年油价的大幅下跌。② 油价下跌之前，海湾合作委员会成员国的资本外流情况比较严重，外部头寸最为紧张，如巴林和阿曼。③

因此，油价下跌可能会加剧其财政状况，事实上，非石油收入在总公共收入中的占比仍较为有限。2013年，在6个海湾合作委员会成员国中，有5个的这一比例介于10%和20%之间——卡塔尔是例外，其非石油收入在总公共收入中的占比为40%。此外，油价的下跌会加剧一些国家公共财政的紧张，从而可能会对社会支出产生严重的负面影响，这些国家包括阿尔及利亚、巴林、伊朗、伊拉克、利比亚和沙特阿拉伯（IMF，2014d）。因此，向非石油行业转型可能需要加速：2014年，海湾合作委员会成员国的经济增长稳定，这已反映出大量私人信贷的存在促成了经济的多元化。

失业率仍居高不下

中东和北非地区的劳动力市场仍未从2011年爆发的政治动荡中恢复过来（参见表2.10）。事实上，2011年该地区失业率从上年的10.8%升至11.6%，并

---

① 海湾合作委员会成员国包括巴林、科威特、阿曼、卡塔尔、沙特阿拉伯和阿联酋。

② 据国际货币基金组织（2014d），未来油价可能不太确定，因为2015年年中油价达到112美元/桶以上或87美元/桶以下的可能性有30%。事实上，2014年6月至12月间，国际货币基金组织的油价指数曾下跌接近90%，截至2014年12月31日，布伦特原油价格为55美元/桶。

③ 海湾合作委员会经济体近期均出现私营资本净流出，尽管规模小于其他新兴经济体（IMF，2014d）。

表 2.10 中东和北非的经济社会发展状况，2009—2019 年（百分比）

	2009	2012	2013	2014	2015	2016	2017	2018	2019
劳动力参与率	48.0	48.8	49.2	49.4	49.6	49.7	49.8	49.9	50.0
（总）失业率	10.5	11.7	11.6	11.7	11.7	11.6	11.6	11.5	11.5
青年失业率	24.0	28.7	29.1	29.5	29.8	29.9	29.9	29.9	29.9
就业率的增长	2.9	2.6	2.9	2.3	2.3	2.3	2.2	2.1	2.0
青年就业率的增长	-0.2	-1.9	-1.1	-1.6	-1.2	-0.8	-0.4	-0.2	0.0
实际工资增长	-1.2	2.0	1.2	-0.5	-0.4	0.6	1.0	1.3	1.6
生产率增长	-0.5	1.2	-1.6	1.0	1.6	1.9	2.1	2.3	2.4

注：地区工资与生产率增长涵盖 19 个国家中的 13 个，涉及对各国的估算与预测。若要查看总量数据中涵盖的国家的清单，并了解此次估算与之前出版的数据之间（ILO，2014c）的差异来源，请参阅附录 4。

资料来源：国际劳工组织，《趋势计量经济学模型》，2014 年 10 月；国际劳工组织，全球工资数据库，2014 年 12 月；国际劳工组织研究部。

预计到 2015 年都将保持在 11.7%，而青年失业率仍是成年失业率的 4.7 倍。因此，该地区的失业率仍将位居全球之首。2014 年，青年失业率达到令人难以置信的 29.5%，并预计将于 2015 年进一步升至 29.8%。然而，降低失业率——尤其是青年失业率——的努力却因人口规模——特别是相对年轻的人口规模——的不断增大而受阻。2014 年，该地区介于 15—24 岁之间的劳动适龄人口比例达到 26.2%，而在全球这个比例仅为 22.4%。

女性的劳动力参与率仍非常低。2014 年该地区女性劳动力参与率达到 21.7%，比男性参与率（75.2%）低 53.5 个百分点。就在劳动力市场上的表现而言，男女性的差异不仅仅体现在参与率上。比如，2014 年女性失业率为 21.3%，是男性失业率的 2.3 倍，而全球女性失业率为 6.3%。此外，该地区在职女性中有 27.3% 属于无报酬家庭工作者，而全球的这一比例为 18.2%。

就业机会的缺乏导致了非正规就业的增加：据估计，非正规经济目前雇佣了非海湾合作委员会成员国 2/3 的劳动力，并贡献了这些国家 1/3 的国内生产总值。① 国际劳工组织的调研结果显示，在约旦和突尼斯，青年非正规就业的发生率高于 50%，而在埃及和巴勒斯坦被占领土境内，这个比例超过 90%。此外，由于该地区地缘政治局势的恶化，非正规经济的规模正在扩大。国际劳工组织对叙利亚难民在黎巴嫩和约旦劳动力市场上产生的影响所做的初步估算显示，随着工资水平和工作条件的恶化，该地区非正规经济的规模不断扩大（见专栏 2.7）。

技能错配是该地区面临的另一大主要的结构性挑战。就目前而言，公共部门通常是雇佣受教育程度超过平均水平的工作者的主力之一（World Bank，2013）。然而，国际劳工组织发现，在一些国家，雇员受教育程度不足比受教育程度过高更为普遍。② 相应地，该地区需要提高青年的受教育程度，并增强政府、教育机构和市场之间的关联，以减少技能错配的几率，辅助青年实现从在校学习向工作的过渡。

缺乏包容性发展导致持续的贫困与不平等

该地区极端贫困——日收入低于 1.25 美元——的人口占比非常低，2012 年为 7.4%，尽管这个比例高于 2010 年的 4.1%（ESCWA，2014）。然而，若考虑

① 这个数字基于非正规经济的定义——“缺乏社会保障的所有就业人口的占比”（Angel-Urdinola and Tanabe，2012）。

② 国际劳工组织开展的有关从在校学习向工作过渡的调研发现，在巴勒斯坦被占领土、突尼斯、埃及和约旦等国家和地区，受教育不足的雇员在受访者中的占比分别为 47.1%、31.8%、38.9% 和 43.0%，而受教育过度的雇员在受访者中的占比分别为 13.2%、6.4%、8.8% 和 9.4%。

专栏 2.7

叙利亚难民危机对约旦和黎巴嫩的劳动力市场产生的影响

到2014年年中，逃往约旦、黎巴嫩、伊拉克和土耳其等邻国的叙利亚难民人数已达到300万左右。联合国难民署表示，这是二战以后最大的一次难民潮。在黎巴嫩，几乎每四个人中就有一个是叙利亚难民。大量流离失所的人的涌入让本已稀缺的自然资源和脆弱的公共基础设施面临沉重的压力。

国际劳工组织开展的一份涵盖2000人调研发现，叙利亚难民的工作条件非常恶劣。在黎巴嫩，一位叙利亚难民的平均月收入几乎只有最低工资的60%。女性叙利亚难民的日子尤其不好过，其收入约为男性收入的60%。叙利亚难民主要从事的是非正规工作，在每10个叙利亚难民中就有9个没有正规的劳动合同，而56%的难民则按季度、周或日工作。国际劳工组织在约旦的评估发现，叙利亚难民有可能会慢慢被就业市场接受，但难民的涌入可能会造成不定期就业发生率上升。

资料来源：国际劳工组织（2014j，2014k）。

到国家贫困线，那么很多国家的贫困发生率会升高，埃及的这一比例为25%，伊拉克为18%，约旦和突尼斯为15%。此外，2012年，在阿拉伯地区，约23.4%的人口生活在国家贫困线以下，高于1990年的22.7%（ESCWA和League of Arab States，2013年）。

此外，就基尼指数衡量的收入不平等状况而言，该地区的最低水平是埃及和伊拉克的30%左右，最高则是摩洛哥的40%以上。收入不平等状况如此严重，其主要原因是缺乏充分的工资政策（最低工资即使有，也非常低）和有限的社会保障。事实上，在该地区多数国家内，社会保障体系都相对不够完善。社会保障体系通常仅涵盖公共和私营部门的雇员，而个体经营者、家庭工作者和非正规就业人士则得不到任何形式的援助。实际上，在中东享受失业福利的失业人口占比仅稍高于2%，而世界平均占比已超过10%（ILO，2014m）。在该地区，只有阿尔及利亚、巴林、埃及和科威特为求职者提供失业保险，而沙特阿拉伯则是最近才推出了这一计划。

该地区的一些中低收入国家还面临着一个挑战，那就是提供充分的医疗卫生服务。平均而言，公共医疗卫生保险仅覆盖1/3的人口，并且不同地区差异巨大（ILO和UNDP，2012）。中东次地区在医疗卫生服务方面投入的公共资源尤其有限，2013年这方面的投入仅占国内生产总值的2%，而世界平均比例为2.8%。有限的公共服务造成人们对私营健康服务的依赖日益增强，从而增加了弱势群体的收入压力。

撒哈拉以南非洲

尽管前景越来越不确定，但预计该地区仍会实现强劲的经济增长

尽管基础设施薄弱、机构面临挑战、财政空间有限，撒哈拉以南非洲地区仍保持强劲的经济增长。2015年和2016年，该地区国内生产总值的增长预计会分别达到5.8%和6.0%（IMF，2014d）。

专栏 2.8

埃博拉病毒的爆发对多数受影响地区以及更多地区的经济造成的影响

西非埃博拉病毒对遭受重创的国家，即几内亚、利比亚和塞拉利昂造成了重要影响。到2014年年底，世界卫生组织的估算显示，此次疫情的人力成本为8000人左右（WHO，2014）。此外，经济成本仍在上升：旅游收入暴跌，财政预算超支，采矿业、制造业和农业等产业受到压制。据世界银行的估算，受影响最深的国家利比亚因此遭受的经济成本相当于2014年国内生产总值下降3.4个百分点（World Bank，2014b）

对整个地区而言，交易成本上升，因为风险规避已影响到了邻国，而工作者和业务活动则受到限制。有鉴于此，世界银行估计，就损失的国内生产总值而言，三个核心受灾区2014年的经济成本约为3.59亿美元，而2015年预计将介于9700万美元和8.09亿美元之间。此次疫情的社会影响也可能会非常持久，人口迁徙将更为频繁、贫困发生率会增强、劳动力市场机会会减少（World Bank，2014b）。

从更长远的角度来看，该地区的前景将受益于有利的人口结构。事实上，在2014年，撒哈拉以南非洲地区的年龄介于10—24岁的人口比例估计已达到所有地区的最高水平，约为32%，而拉丁美洲和加勒比地区为27%，亚洲和太平洋地区则为25%（UNFPA，2014）。随着生育率的降低，这意味着撒哈拉以南非洲地区正处在人口过渡的早期。这种过渡可能会带来人口红利，因为劳动适龄人口的生产能力会随着额外劳动力的供应而飙升。然而，为获得这个红利，该地区需要增加对人力资本和基础设施的投入、改善治理和社会保障体系，尤其是要提供充分的医疗卫生服务，以确保进入劳动力市场的人能够获得充足的生产机会。

然而，一些局势会带来挑战和不确定性，其中包括埃博拉病毒的人力和经济成本（参见专栏2.8），以及因发达经济体货币条件改变而带来的可能的资本流入逆转。这些情况造成的直接结果就是加大外部储备和汇率的压力，导致财政调整，而后者可能以减少投资承诺和社会支出为代价。这些不利结果会严重拖累总需求。

该地区仍严重依赖对一些新兴市场的初级商品的出口。在该地区的总出口中，巴西、中国和印度的总占比在38.3%左右（相当于该地区国内生产总值的8.3%左右）。石油和煤炭等燃料在对这些国家的出口中占比较高，约为该地区2013年总出口收入的55.6%，而铜、铂、金等非燃料商品的出口则占据另外的24.8%。近期商品价格的下跌使该地区各国的增长和公共财政陷入紧张。这种情况在该地区最大的经济体尼日利亚最为明显。尼日利亚的财政收支平衡点估计在油价100美元/桶以上，而截至12月31日，布伦特原油价格仅为55美元/桶，这就要求该国作出重大预算调整，并可能降低汇率。

与此同时，劳动力市场仍缺乏足够的生产机会

在所有地区中，撒哈拉以南非洲地区的劳动力参与率最高，估计为70.9%，而2014年全球平均参与率为63.5%（参见表2.11）。此外，2014年该地区的失业率为7.7%，这个比例预计将一直保持到2018年。相对于成年失业率，该地区的青年失业率较低，青年与成年失业率之比为1.9，是全球最低水平。事实上，2014年该地区的青年失业率为11.8%，仅高于东亚和南亚两个地区，后两者的青年失业率分别为10.5%和10.0%。另外，男女性的失业率也是可比的：女性失业率为8.7%，仅稍高于男性失业率（6.9%）。

表 2.11 撒哈拉以南非洲的经济社会发展状况，2009—2019 年（百分比）

	2009 年	2012 年	2013 年	2014 年	2015 年	2016 年	2017 年	2018 年	2019 年
劳动力参与率	70.4	70.6	70.8	70.9	71.0	71.1	71.2	71.2	71.3
（总）失业率	7.9	7.9	7.7	7.7	7.7	7.7	7.7	7.7	7.6
青年失业率	12.5	12.3	11.8	11.8	11.8	11.8	11.8	11.8	11.8
就业率的增长	2.8	3.1	3.3	3.1	3.1	3.1	3.1	3.0	3.0
青年就业率的增长	2.2	2.7	3.3	2.7	2.7	2.7	2.7	2.7	2.6
实际工资增长	3.2	2.5	0.4	0.3	0.7	1.1	1.4	1.4	1.4
生产率增长	-1.5	0.8	0.4	1.0	1.3	1.7	1.6	1.5	1.5

注：地区工资与生产率增长涵盖45个国家中的15个，涉及对各国的估算与预测。若要查看总量数据中涵盖的国家的清单，并了解此次估算与之前出版的数据之间（ILO，2014b）的差异来源，请参阅附录4。

资料来源：国际劳工组织，《趋势计量经济学模型》，2014年10月；国际劳工组织，全球工资数据库，2014年12月；国际劳工组织研究部。

然而，工作质量是受到普遍关注的一个问题，该地区的工作性贫困人口和弱势就业是所有地区最严重的。特别是，在该地区，每十个在职人士中就有近八个属于弱势就业。相应地，2014 年弱势就业比率——自营工作者和无报酬家庭工作者在总就业人口中的占比——估计为 76.6%，远远高于全球平均的 45.3%，稍高于南亚的 75.6%。女性弱势就业（特别是无报酬家庭工作者）远远高于男性弱势就业，2014 年两者分别为 84.3% 和 70.1%。

除去取得的进展，该地区仍被不平等和贫困问题所困扰

2000—2012 年间，人均国民总收入年均增长达到 15.5%。然而，这仅相当于 2012 年人均国民总收入为 1390 美元，是所有地区中的最低水平。[①] 相比较而言，2012 年南亚的人均国民总收入估计达到 1661 美元，东南亚为 3825 美元，东亚为 6844 美元。撒哈拉以南非洲的人均国民总收入差异巨大：东非最低，仅为 622 美元，其次是西非，1160 美元。

根据世界银行的数据，按日收入 1.25 美元（购买力平价）来衡量的极端贫困发生率 2011 年为 46.8%（可获得数据的最新年份），低于 1990 年的 56.6% 和 2002 年的 57.1%。[②] 与之相比，南亚的发生率为 24.5%（2011 年排名第二的地区），而东亚和太平洋地区则为 7.9%（2011 年排名第三的地区）。与其他地区，特别是与东亚和太平洋地区相比，该地区的进步相对缓慢。非洲开发银行集团的估算发现，自 20 世纪 80 年代以来，非洲的不平等状况有所加剧，但在 90 年代之后小幅缓解（African Development Bank Group，2012）。研究人员发现，不平等水平与人均国民总收入负相关，这说明最富裕人群从产出增长中受益太多，多得不成比例。

① UNCTD 统计。

② 世界银行“贫困计算网络”（PovCalnet，是由世界银行发展研究小组开发的衡量贫困的在线工具）。参见：http：iresearch. worldbank. org/PovcalNet/index. htm。

第三章 就业平等面临的中期挑战

引言

正如第一章所述，经济复苏面临严峻挑战，而全球经济活动的持续疲弱也让人担忧，全球就业缺口或许会因此进一步扩大，目前，这场全球危机造成的就业缺口为6100万。

在这些趋势背后，重要的结构性因素正在深刻地塑造劳动力市场。本章旨在指出其中的几个结构性因素及其与经济增长趋势之间的联系。这些因素包括劳动力供应放缓，其中部分原因是世界多地纷纷出现人口老龄化（第一节）；技能需求的主要变化（第二节）；持续的收入不平等（第三节）。

为了分析这些结构性因素如何形成中期的就业结果，本章将增长阶段划分为增长提速期和增长放缓期，然后审视结构性因素如何与这些时期发生互动。① 从方法学角度来看，增长提速与放缓是通过比较较长时期内的人均增速来划分的。②

第一节 劳动力供应萎缩与人口老龄化

正如第一章所述，全球劳动力市场即将陷入劳动力供应大幅放缓的困境（参见专栏1.2）。通过将2030年前劳动力年均增速的预测与过去25年所观察的增速进行比较，可以发现，减速最快的地区预计将是中东和北非以及拉丁美洲与加勒比地区。撒哈拉以南非洲将是唯一一个劳动力供应继续保持快速增长的地区。就全球而言，劳动力年度增速放缓几乎达到0.5个百分点。目前，经济活动最活跃的黄金年龄人口在总人口中的占比已从2000年的38.8%稳步攀升至40.8%。③ 然而，这个比例预计将于2017年达到顶峰——41.0%，之后将开始长期下降，并于2030年降至39.7%。

与此同时，几乎所有地区的老龄人口数目均将出现上升。全球劳动力年龄估计每年将增加1.5个月。相应地，在2014年，年满55岁及以上的年长工作者在全球劳动力中的占比将从1990年的10.5%升至前所未见的14.3%。到2030年，劳动力中年长工作者人数预计将再增加2.7亿，达到7.5亿，相当于总劳动力的18%以上。

---

① 将重点放在增长提速和放缓上的原因是增长的提速或放缓直接与失业变化情况有关，正如第一章所示（图1.11）。

② 这种比较在前七年的人均增速与随后七年的人均增速之间展开。如果增速上升至少2个百分点，达到3.5%，一国就进入了经济提速期。相反，如果增速放缓超过2个百分点，从超过3.5%往下跌，那么一国就进入了经济放缓期。这些转折年份标志着中期经济的持续提速或放缓。

③ 黄金年龄人口指的是年龄介于25—54岁之间的人口。

图 3.1 劳动力供应特征和经济放缓与提速之间的关系

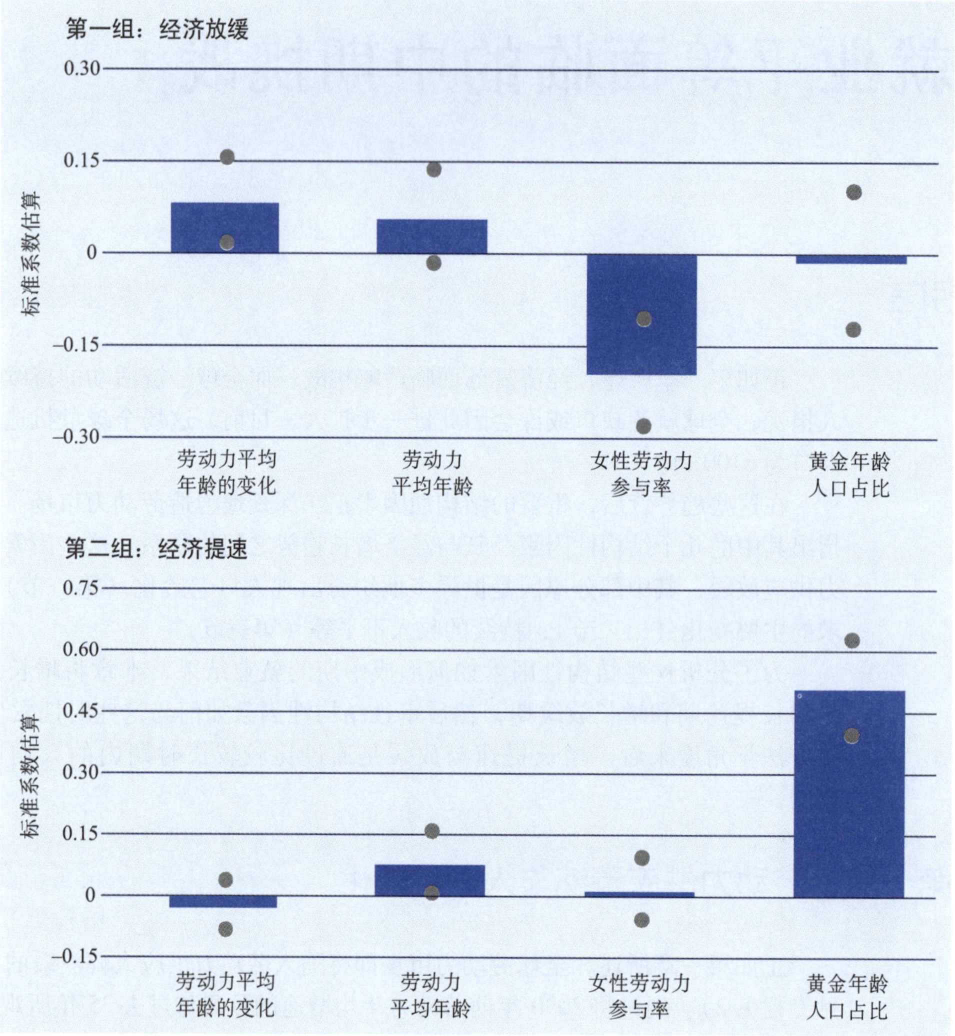

注：本图显示了劳动力供应特征和经济放缓（第一组）与提速（第二组）之间的关系。图中的数据点代表标准系数（橙色栏代表数据点估算，而绿色圆点代表90%置信区间的上下限），该标准系数根据本章附录所述的混合概率模型估算得出。如果置信区间仅包括大于（小于）0的数值，横轴上的变量对发生经济放缓（第一组）或提速（第二组）的可能性具有重大的正面（负面）影响。

资料来源：国际劳工组织研究部的估算。

女性劳动力参与率的提高有可能抵消劳动力供应萎缩和老龄化的影响。许多地区的女性劳动力参与率均出现了上升，尽管全球女性劳动力参与率正在下跌。2014年，全球女性劳动力参与率为50.3%，低于2000年的51.9%。这一下跌态势主要受东亚和南亚以及一些发达经济体（如美国）所拖累，而其他所有地区的女性劳动力参与率均出现上升。①

黄金年龄人口的萎缩影响经济增长……

黄金年龄人口发生率较低的经济体不太可能出现经济提速（参见图3.1），原因是这一般会引发从业人口的萎缩，从而导致劳动力紧缺，并限制经济增长，除非年长工作者的工作年限延长。此外，在不考虑产出增长的情况下，雇主发

① 南亚的趋势主要取决于印度。印度的女性参与率快速降低，其中部分原因是受教育人数的增多以及家庭收入的提高（Kapsos et al.，2014）。

现，在一些岗位上，要想找到一个合适的人才变得愈加困难（ManpowerGroup，2013）。相反，黄金年龄人口发生率的提高往往会促进经济增长。

中期增长前景受劳动力平均年龄和老龄化过程所影响，尽管两者的影响截然相反。人口老龄化速度越快，经济放缓的发生率就越高（图3.1）。然而，劳动力平均年龄越大的经济体越可能出现经济提速。正是劳动力的老龄化，而不是劳动力的年龄，让经济更可能陷入放缓的泥沼。对这些不同效应的解释是，劳动力老龄化速度较快的经济体可能会面临技能错配，因此不得不调整从业人员，使其适应年长工作者的需求，而这可能会增加成本。另一方面，年长从业人员对经济产生正面影响的预期可能可以从更有效的技术应用中找到解释，因为年长工作者的经验更为丰富，这可以帮助其更准确地判断一项新技术是否对工作流程有利。总体而言，年长工作者可能也更倾向于使用新技术，因为技术进步通常让他们获益，令其能够从事认知工作，而不是体力要求高的工作，相比于经验较为欠缺的年轻工作者，他们在从事认知工作方面更具优势（Weinberg，2002；Gordo and Skirbekk，2013）。促进不同年龄层的人员展开团队合作等举措也能够提高企业的生产力（Göbel and zwick，即将出版）。可以通过取消税收的政策及其他针对养老金领取者的惩罚措施来刺激年长工作者的劳动力参与率，而后者可以应对未来养老金的积累效应。

……而女性参与率的提高有利于经济增长

女性劳动力参与率高的经济体不常面临经济放缓的问题，这表明其应对负面经济冲击的弹性较大（图3.1）。随着女性就业率的提高，经济体可以更大程度地发挥生产潜力。此外，女性劳动力参与率也是一个重要的对抗贫困的策略。[①]

因此，鼓励女性参与劳动力市场的政策可能帮助经济体少受经济增速放缓的影响。这类政策包括通过让家长平衡工作与生活来促进女性参与劳动力市场的举措，如在工作时间内提供更多的弹性安排，提供产假和育婴假以及可承受的保育设施，同时还包括通过提高女性的工资来鼓励其加入劳动力市场的政策以及得到积极执行的反歧视政策，提高女性的工资的方法包括提高最低工资，以减少女性过多地从事低工资岗位工作。其他政策领域包括税收政策，以便取消对家庭第二收入者征收税收罚款，以及教育支持政策，以便增加女性的就业选择、促进女性的职业发展。

① 如果家庭收入来自于多位家庭成员的劳动收入，特别是当经济放缓对不同家庭成员所从事的行业和职业产生的影响不对称时，这个家庭面临的因宏观经济的负面冲击而失去所有劳动收入并陷入贫困的风险就会降低，进而减少负面的家庭消费冲击导致增速放缓的可能性。

第二节　职业模式变化

正如第一章所探讨的，全球低技能非常规体力工作的占比已出现下降，而高技能非常规认知工作的占比则在上升。在发达经济体内，传统职业（如鞋匠、铁匠和木匠）的发生率正在逐步下降，而软件工程师、商业咨询和产品营销经理等新职业则在兴起。重要的是，近几年中等技能的常规工作已经在缓慢而稳定减少（参见专栏 3.1）。①

这些职业变化不仅影响就业模式，还可能加剧过去几十年的收入不平等状况。发达经济体的收入数据表明，平均而言，从事非常规认知工作的人得到的工资明显高于从事常规职业和非常规体力职业的人。② 因此，在牺牲中等技能常规

专栏 3.1　中等技能工作岗位空洞化

技术进步常被视为造成发达经济体内中等技能工作岗位空洞化的主要原因。信息与通信技术等新技术一直在替代常规工作（Autor et al.，2003；Goos and Manning，2007），这些工作是重复性的中等技能认知和生产性工作，如记账和文职工作。新技术提高了对需要高技术的非常规工作的相对需求，如门卫和保安人员（Autor，2010）。此外，在芬兰、荷兰、英国和美国等信息与通信技术更新较快的国家，高技能工作者的增速最快，中等技能工作的替代速度也最快（Michaels et al.，2010）。然而，如此快速的技术进步未必会减少对劳动力的总需求，只是将需求转移至不同工种，其中包括前所未见的新职业（Brynjolfsson and McAfee，2014）。

全球化也被视为是导致向较高技能和较低技能职业转移的就业两级化现象的一大原因，同时也可能对不平等现象产生影响。国际贸易自由化程度的提高取消了许多关税分岔（tariff wedge），从而增加了发达经济体的相对生产成本。发展中国家劳动力成本和交通成本的降低使海外生产成为一个更为有利的选择。这使发达经济体将部分生产流程转移海外，从而造成了就业结构的变化和中等技能制造岗位的减少。此外，这一过程也使不同职业和技能的工作者的收入水平不断发生变化。尽管过去几年一些发达经济体的制造业已得到复苏，但这一复苏创造的更多的是工资更低的临时性岗位。而之前从事中等技能工作的工作者常常发现，新工作的报酬比原来大大降低（Ruckelshaus and Leberstein，2014）。外包也对制造业工作者带来了直接的工资压力，因为海外竞争压低了物价，迫使雇主不得不缩减成本（Bivens，2008）。最后，尽管在一些发达经济体内拥有大学学历的工作者也同样面临工资停滞不涨的局面，但普遍而言，受教育程度较高、技能较高且从事科学、工程和管理工作的人获得的报酬较高（Zaccone，2012）。

此外，政府的政策选择也被认为是造成不同职业工作条件不断变化的可能原因，这些政策包括贸易政策、放松行业监管政策、最低工资政策以及削弱集体谈判和工会代表力的政策（Mishel et al.，2014），这些政策的作用主要从收入差距不断扩大，尤其是中等技能与高技能工作之间的工资差异这个方面来探讨（同上，2012）。

---

① 关于常规工作、非常规认知工作和非常规体力工作的分类，请参见 Autor et al.（2003）、Jaimovich and Siu（2012）的研究结果。这个分类基于《国际标准职业分类》（ISCO）作出。

② 这个根据收入得出的职业排名符合欧盟和美国等国的情况。在欧盟 28 国，非常规认知职业平均每小时的收入为 19.36 欧元，而常规和非常规体力职业平均每小时的收入分别为 10.66 欧元和 10.13 欧元（Eurostat，2010）。在美国，非常规认知职业的平均收入为 33.81 美元，而常规和非常规体力职业的平均收入分别为 18.78 美元和 14.93 美元（BLS，2013）。

图 3.2 发展中经济体职业类型与收入水平之间的关系，1991—2013 年

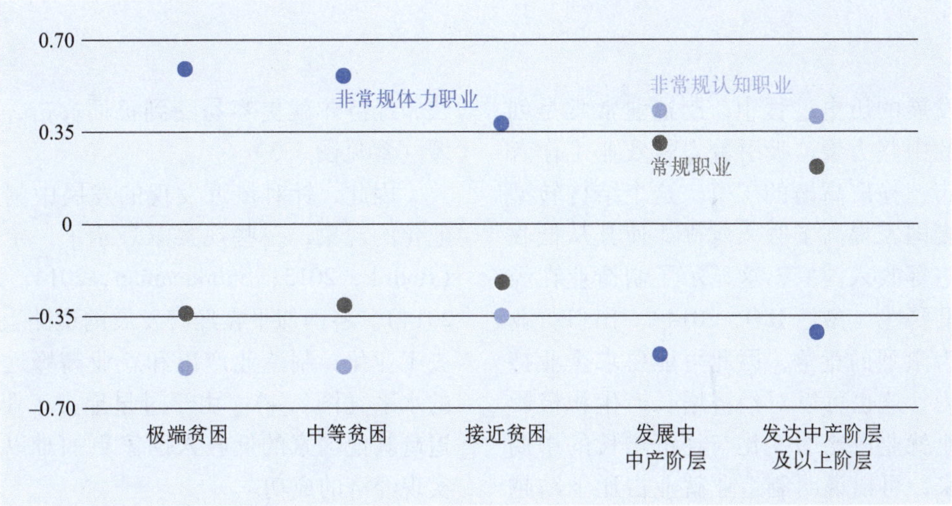

注：本图通过一个非平衡面板显示了在 1991—2013 年间的 667 次观察中所观察到的不同国家在不同时间的不同职业的就业占比与估算的不同经济阶级就业占比之间的联系。正面（负面）的关联性表明，所考虑的职业在总就业中的占比越高，则考虑中的经济阶级的就业发生率就越高（越低）。所有 1% 水平上的关联性都具有统计显著性。

资料来源：国际劳工组织研究部基于国际劳工组织《趋势计量经济学模型》（2014 年 10 月）的计算；Kapsos and Bourmpoula（2013）。

工作的前提下增加技能阶梯两端的工作会导致收入不平等的加剧（即便工资不变，情况也是如此）。这一研究结果与我们所观察的较大型发达经济体的不平等趋势一致。

在发展中国家，生活水平的变化与职业就业转移息息相关（参见图 3.2）。高技能非常规认知性职业以及中等技能常规工作的占比提高可与工作性贫困率下降和中产阶级壮大联系起来，虽然中等技能常规工作的占比增幅小于高技能非常规认知性职业的占比增幅。相反，低技能非常规体力工作占比的提高一般都与工作性贫困率的上升和中产阶级规模的缩小有关。因此，在许多发展中国家，第一章所探讨的职业就业结构趋势可能已从一定程度上改善了工作者的生活状况，使许多工作者变成中产阶级，中产阶级的富裕程度正在不断上升，规模也在快速扩大。

无论是在发达经济体，还是在一些可获得数据的发展中经济体（如马来西亚、南非和泰国），常规工作的数量都在减少。在这些工作中，很大一部分（如设备操作员或组装工）来自制造业。这引发了一些人的担忧，因为制造业岗位可以潜在地帮助工作者摆脱贫困（参见 ILO，2013d；专栏 3.2）。如果缺乏充分的正规教育，工作者在城市中找到非常规认知工作可能并非易事。这些趋势可能会加剧不平等现象，因为它们会进一步阻碍贫困工作者提高经济和社会地位。缓解这些错配仍是各国、各地区中期所面临的重要发展挑战之一。

专栏 **3.2**

过早的去工业化是否值得担忧？

在经济发展的历史过程中，制造业常常是创造就业岗位的中坚力量，吸引着农村农业工作者纷纷来到城市，挣取高昂的工资。这个结构转型过程帮助许多国家提高了收入水平，使其从低收入国家变为中等收入国家，这显示了制造业在经济发展中的重要性（参见 ILO，2014）。出口行业常常面临更为激烈的竞争，因此可能要求企业持续提高生产力，这也可以对经济增长产生积极影响。将制造业就业占比的变化与经济增长的中期变化联系起来，可以说明制造业就业占比下跌越快，经济体就更容易受到负面冲击，造成经济放缓（参见图 3.3）。

因此，针对最近发现的发展中国家过早去工业化的现象，一些观察家表示了一定程度的担忧（Rodrik，2013；Subramanian，2014；Felip et al.，2014）。各国似乎在经济发展的道路上过早地进行去工业化，制造业产出和就业高峰远远低于过去的水平（图 3.4）。由于过早地去工业化，目前想追赶其他国家的低收入国家更加难以像早期那样实现经济的成功。

图 **3.3** 制造业就业变化与经济放缓和提速之间的关系

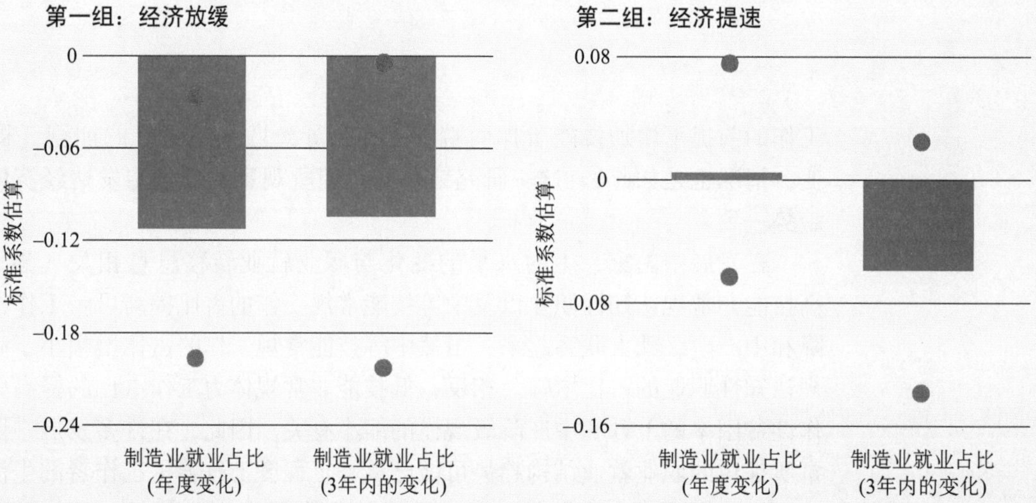

注：本图显示了制造业就业变化与经济放缓（第一组）和提速（第二组）之间的关系。图中的数据点代表标准系数（灰色条柱代表数据点估算，而圆点代表90%置信区间的上下限），该标准系数根据本章附录所述的混合概率模型估算得出。如果置信区间仅包括大于（小于）0 的数值，横轴上的变量对发生经济放缓（第一组）或提速（第二组）的可能性具有重大的正面（负面）影响。

资料来源：国际劳工组织研究部的估算。

专栏 3.2 过早的去工业化是否值得担忧？（续）

目前各界对过早去工业化的主要动因和结果并未达成一致。一个可能的解释是贸易性质的不断变化，而贸易的性质目前取决于复杂的全球供应链，在这些供应链上，多数附加值都是通过产品营销、制作或设计来实现，而非实际制造过程，这减少了制造商可吸收的租金。此外，收入的不断上升可能带来需求的变化，使需求从商品制造转移至服务上来。然而，服务能从多大程度上取代制造业的角色，并促进发展中国家和发达国家的融合仍有待探讨（Ghani and O'Connell，2014）。更为悲观的一种观点强调，服务具有不完全可交易性，并且在服务生产过程中，生产力增长有限（Rodn'K，2014），这表明保住制造业岗位可能是未来低收入国家实现经济发展的一个重要条件。

图 3.4 制造业就业达到顶峰时的制造业工作者占比，1992—2013 年（百分比）

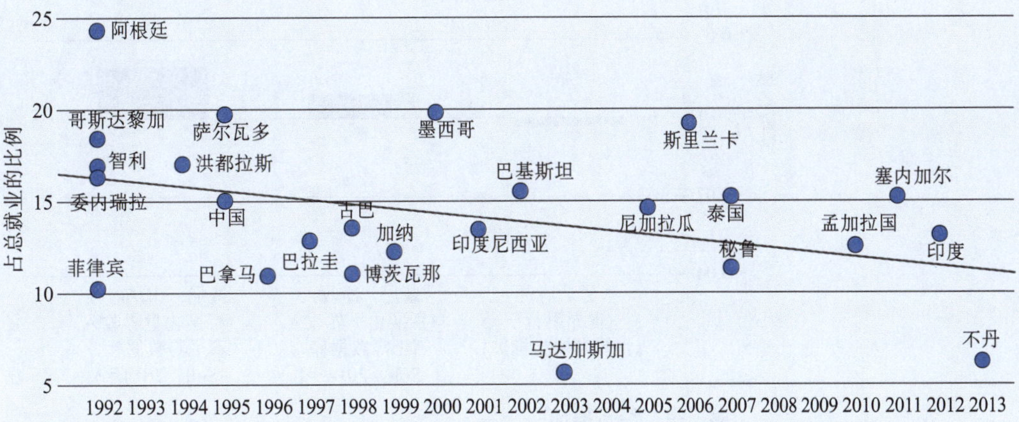

注：本图显示了（1）不同国家的制造业就业占比何时达到峰值，（2）在达到峰值的年份，这一占比能达到何种水平。本图根据数据库的数据发现了制造业就业占比达到峰值的年份，该数据库涵盖了对 1991—2019 年制造业就业占比的估算与预测。本图表明，近期的制造业就业峰值低于历史水平。

资料来源：国际劳工组织研究部基于国际劳工组织《趋势计量经济学模型》（2014 年 10 月）的计算。

第三节　收入不平等与经济的放缓和提速

收入不平等可能导致了当前全球经济的疲弱

近期证据表明，收入不平等和经济增长不持续之间存在联系，这一点正如第一章所述。一些研究表明，收入越平等，经济增长的持续性越强，或者说增长期就越长（Berg and Ostry，2011；Ostry et al.，2014）。因此，解决收入过度不平等可以是一个重要的政策应对，以重新刺激经济增长并促进长期发展。此外，随着不平等程度的削弱，可以将收入转移至更倾向于消费的人群，以拉动总需求，进

图 3.5　收入不平等与经济放缓和提速之间的关系

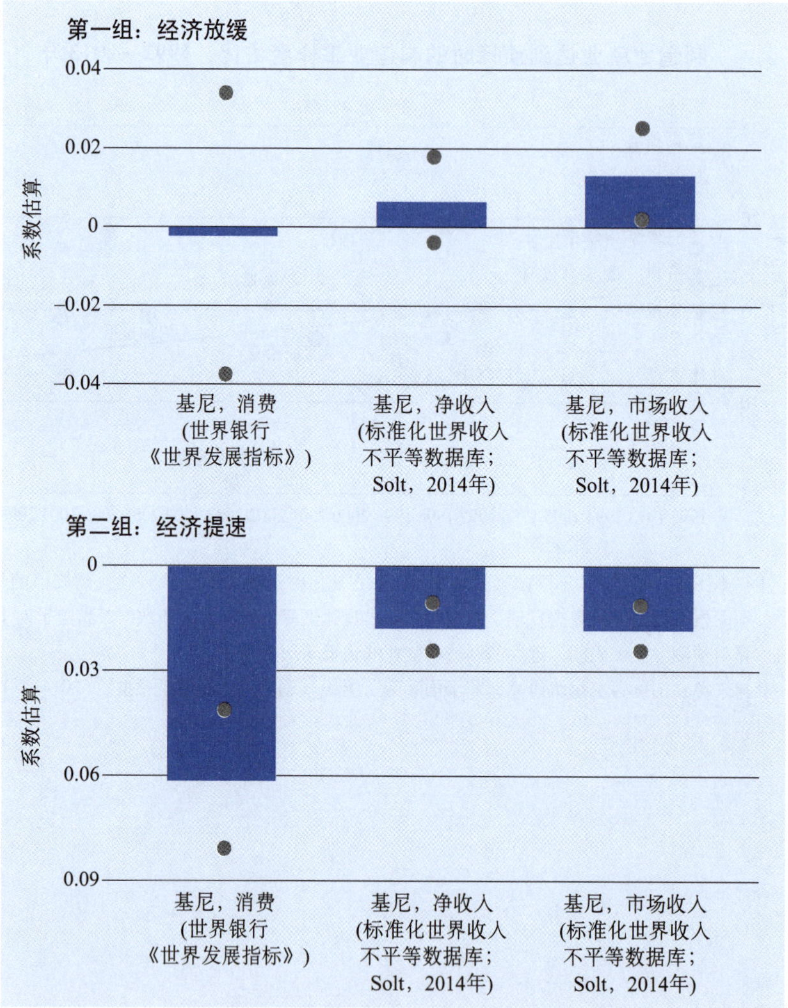

注：本图显示了不平等状况（用介于0—100之间的基尼指数衡量，不平等加剧，基尼指数上升）与经济放缓（第一组）和提速（第二组）之间的关系。图中的数据点代表标准系数（灰色条柱代表数据点估算，而圆点代表90%置信区间的上下限），该标准系数根据本章附录所述的混合概率模型估算得出。在适用的时候，将不平等数据的多重填补性质纳入估算的考量之中。如果置信区间仅包括大于（小于）0的数值，横轴上的变量对发生经济放缓（第一组）或提速（第二组）的可能性具有重大的正面（负面）影响。

资料来源：国际劳工组织研究部的估算。

而可能推动经济增长（OECD，2012；Stiglitz，2013；Cingano，2014）。[①] 不平等程度的削弱也可以增强社会政治的凝聚力，并更可能进一步支持促进增长的政策，减少商业不确定性（Alesina and Perrotti，1996）。

本章其他的分析说明了不平等在解释当前脆弱而不均衡的经济复苏时的作用。正如图3.5所示，我们的研究结果证明，不平等会造成经济放缓或提速。这个证据说明，不平等状况越严重，经济放缓的风险就越高——至少在将市场收入（即税前和转移前收入）不平等纳入考量的情况下是如此。相反，不平等状况的缓解——似乎的确是经济体实现经济提速的一个必要的前提条件——可能有助于抵消当前许多经济体正在经历的经济放缓的冲击。正如第一章所示，经济放缓可能与失业率上升有关，而经济提速可能与失业率下降有关，不平等状况的缓解也可能对劳动力市场有益，防止因金融危机爆发而拉大的工作岗位缺口进一步恶化。

结语

本章显示了近期劳动力市场和收入不平等趋势方面的发展对了解中期增长与就业的重要性。尤其值得一提的是，本章提供了有关人口老龄化、职业技能需求变化以及个人收入不平等加剧如何拖累全球经济增长的新证据。因此，需要将应对这些变化的政策纳入整体战略之中，以强化增长。国际劳工组织已在之前的分析中审视了将宏观经济政策、就业和工资政策结合起来实现这一目标的方法（ILO，2013d、2014a、2014b）。

① 不平等的加剧可能也会阻碍长期的经济增长。比如，在许多人无法获得信贷的经济体可能会被教育与健康投资不足所拖累，而教育与健康投资不足会对长期经济增长产生负面影响（Galor and Zeira，1993；Cingano，2014）。最后，收入不平等的加剧往往会刺激家庭杠杆率的不断提高，而后者会使经济体更易遭受金融危机的冲击（Rajan，2010；Kumhof and Rancière，2010）。

附录

数据描述与方法论：劳动力市场特征与经济放缓和提速之间的关系

本章在混合概率回归的基础上将劳动力市场特征与经济的放缓和提速联系起来。在这些回归中，两个替代因变量是哑元变量，在佩恩表 8.0 中 1950—2011 年的人均国内生产总值数据的基础上构建。在经济放缓年份或提速年份，这些哑元变量的数值为 1，其他年份则为 0。为了发现经济放缓期和提速期，本章严格遵照了 Eichengreen 等人（2012，2013）的方法，在下述条件满足时，用 t 代表经济放缓期：

$$gt,\ t-7 \geqslant 0.035$$

$$gt,\ t-7 - gt,\ t+7 \geqslant 0.02$$

gt，t－7 代表年度人均国内生产总值介于 t－7 和 t 之间，而 gt，t＋7 则代表年度人均国内生产总值介于 t 和 t＋7 之间。[①] 相应地，经济提速期与 Hausman 等人（2005）的定义相似，由此我们得出：

$$gt,\ t+7 \geqslant 0.035$$

$$gt,\ t+7 - gt,\ t-7 \geqslant 0.02$$

简言之，如果在过去（未来）的 7 年内，人均增速高于 3.5%，且比未来（过去）7 年的平均增速高出 2 个百分点以上，那么这些年份就被视为经济放缓（提速）期。[②] 这种对过去 7 年与未来 7 年的比较采用了一个中期视角，可以避免仅根据商业周期内的走势来区分经济放缓期和提速期的局限性。

我们还估算了下述两个等式：

$$Pr\ (SLWt=1) = \Phi\ (\alpha + \beta Xt + \gamma Lt)$$

$$Pr\ (ACCt=1) = \Phi\ (\alpha + \beta Xt + \gamma Lt)$$

SLWt（ACCt）代表放缓（提速）的哑元变量（基于经济增速介于 t－7 和 t＋7 之间的数据构建）。Φ(.)是一个累积分布函数，Xt 代表控制变量的矢量，Lt 代表衡量部分劳动力市场结构性特征或变化的变量的矢量。

控制变量也根据 Eichengreen 等人（2012，2013）的方法进行选择。由于一国经历经济放缓或提速的概率有可能与经济发展水平呈非线性相关（图 A.1），回归控制人均国内生产总值及平方。此外，回归还控制一国的人均国内生产总值与领先国家的人均国内生产总值之比（及平方）。最后，经济放缓（提速）前的增长也是控制变量。所有这些变量都来自佩恩表 8.0 或在此基础上构建。本章所关注的关于劳动力市场结构化特征或变化的数据则来自不同来源（表 A.1）。

表 A.2 和表 A.3 显示了本章所有的回归结果。目前有多种方法可以定义经济放缓与提速期（Aiyar et al.，2013；Eichengreen et al.，2012、2013）。若要了解一系列的稳健性测试和更多的结果，请查看 Viegelahr 的研究结果（即将出版）。

---

① 这说明，经济放缓期和提速期并不在我们在样本末尾提到的 7 年的范围之内，因此我们在分析中摒弃了这些年份。

② 此外，Einchengreen 等人（2012，2013）硬性规定人均国内生产总值（2005 年定值美元，购买力平价）不应超过 1 万，因为他们只打算从中发现中等收入增长的陷阱。

图 3.6 按人均收入水平划分的经济放缓和提速在总观察次数中的占比（百分比）

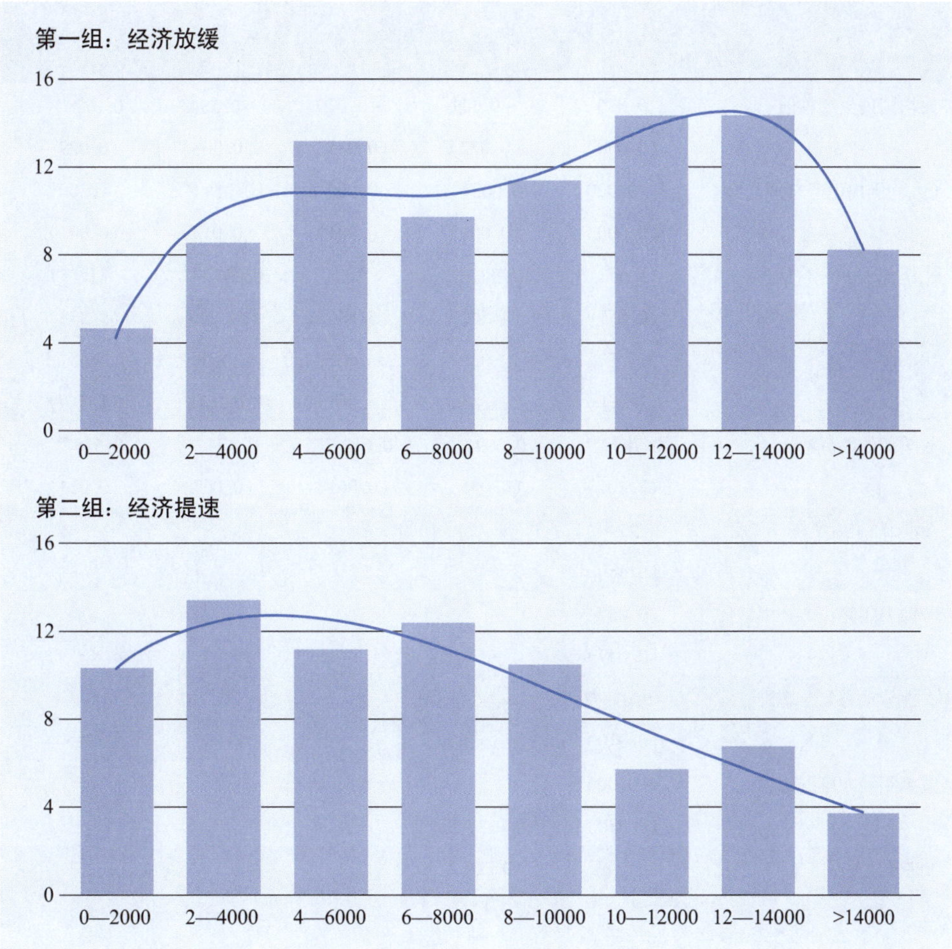

注：人均国内生产总值以2005年定值美元计算（连锁购买力平价）
资料来源：国际劳工组织研究部的计算。

表 3.1 劳动力市场变量的数据来源

变量	数据来源
黄金年龄人口占比	联合国，《世界人口展望》，2012年修订版
劳动力平均年龄*	国际劳工组织研究部基于2014年10月的国际劳工组织《经济活动人口：估算与预测》数据库的计算
女性劳动力参与率	国际劳工组织，《经济活动人口：估算与预测》数据库，2014年10月
制造业就业占比	国际劳工组织，《趋势计量经济学模型》，2014年10月
基尼（世界银行）	世界银行，《世界发展指标》
基尼，净值（Solt数据库）	标准化世界收入不平等数据库（Solt，2014）
基尼，市场（Solt数据库）	标准化世界收入不平等数据库（Solt，2014）

*为计算平均劳动力年龄的替代值，假设年龄高于65岁的劳动力的平均年龄为67.5岁。假设不同年龄组的劳动力平均年龄与这一年龄组的中位数相对应，年龄组按5年划分。

表 3.2

经济增长放缓的决定因素

因变量：（经济放缓）	(1) 劳动力供应	(2) 行业	(3) 行业	(4) 收入不平等	(5) 收入不平等	(6) 收入不平等
人均国内生产总值	0.036	-0.111	-0.070	-0.534*	0.077***	0.071***
	(0.050)	(0.072)	(0.085)	(0.308)	(0.029)	(0.027)
（人均国内生产总值）^2	-0.000	0.002**	0.002	0.028**	-0.001	(0.000)
	(0.000)	(0.001)	(0.001)	(0.013)	(0.001)	-0.001
比率	3.541	12.001***	9.808*	68.352***	-1.641	-1.556
	(0.077)	(4.502)	(5.550)	(24.713)	(1.538)	(1.506)
比率^2	-3.525	-12.026***	-11.575**	-200.69***	0.655	0.681
	(2.788)	(4.383)	(5.361)	(74.678)	(1.516)	(1.501)
放缓前的经济增长	0.785***	0.609***	0.614***	0.474***	0.515***	0.525***
	(2.201)	(0.055)	(0.061)	(0.067)	(0.024)	(0.025)
劳动力平均年龄的年度变化	0.959**					
	(0.489)					
劳动力年龄	0.057					
	(0.047)					
女性劳动力参与率	-0.035***					
	(0.010)					
黄金年龄人口占比	-0.006					
	(0.030)					
制造业就业占比（年度变化）		-0.261**				
		(0.121)				
制造业就业占比（3年内的变化）			-0.131*			
			(0.076)			
基尼，消费（世界银行，《世界发展指标》）				-0.002		
				(0.022)		
基尼，净收入（标准化世界收入不平等数据库；Solt，2014）					0.007	
					(0.007)	
基尼，市场收入（标准化世界收入不平等数据库；Solt，2014）						0.013*
						(0.007)
准 R^2	0.57	0.50	0.49	0.53	—	—
观察次数	1069	798	638	320	2837	2836

注：混合概率系数概算。标准误差在括号中表示。比率指的是一国的人均国内生产总值与领先国家的人均国内生产总值之比。

*/**/*** 表示显著性分别为10%/5%/1%水平。

表 3.3

经济增长提速的决定因素

因变量：（经济提速）	(1) 劳动力供应	(2) 行业	(3) 行业	(4) 收入不平等	(5) 收入不平等	(6) 收入不平等
人均国内生产总值	-0.224***	0.023	-0.035	0.431**	-0.134***	-0.113***
	(0.039)	(0.060)	(0.069)	(0.205)	(0.027)	(0.026)
（人均国内生产总值）^2	0.003***	-0.001	-0.000	-0.031***	0.002**	0.001*
	(0.001)	(0.001)	(0.001)	(0.011)	(0.001)	(0.001)
比率	7.243***	2.516	6.643	-14.042	8.143***	7.794***
	(2.544)	(3.363)	(4.048)	(10.944)	(1.532)	(1.507)
比率^2	-10.601***	-7.104*	-10.711**	58.144*	-11.516***	-10.838***
	(2.881)	(4.002)	(4.853)	(30.656)	(2.254)	(2.207)
提速前的经济增长	-0.144***	-0.150***	-0.120***	-0.101***	-0.083***	-0.085***
	(0.024)	(0.029)	(0.035)	(0.025)	(0.011)	(0.011)
劳动力平均年龄的年度变化	-0.214					
	(0.276)					
劳动力年龄	0.050*					
	(0.030)					
女性劳动力参与率	0.002					
	(0.005)					
黄金年龄人口占比	0.143***					
	(0.020)					
制造业就业占比（年度变化）		0.009				
		(0.075)				
制造业就业占比（3年内的变化）			-0.058			
			(0.049)			
基尼，消费（世界银行，《世界发展指标》）				-0.061***		
				(0.012)		
基尼，净收入（标准化世界收入不平等数据库；Solt，2014）					-0.018***	
					(0.004)	
基尼，市场收入（标准化世界收入不平等数据库；Solt，2014）						-0.018***
						(0.004)
准 R^2	0.24	0.14	0.12	0.15	—	—
观察次数	1069	798	638	320	2837	2836

注：混合概率系数概算。标准误差在括号中表示。比率指的是一国的人均国内生产总值与领先国家的人均国内生产总值之比。

*/**/*** 表示显著性分别为10%/5%/1%水平。

附录

1

全球和地区性数据

在部门就业增长图中，各部门依据 2008 年国际标准工业分类法（ISIC）第四修订版分类：

- **A** = 农业、林业、狩猎和渔业
- **B** = 采矿和采石
- **C** = 制造业
- **D** 和 **E** = 公用事业（电力、天然气等）
- **F** = 建筑业
- **G** = 批发和零售业；汽车、摩托车、个人物品及家用商品的维修
- **I** = 住宿和餐饮
- **H** 和 **J** = 运输、储存和通讯
- **K** = 金融活动
- **P** = 教育
- **Q** = 卫生和社会工作活动
- **O** = 公共管理与国防；强制性社会保障
- **L**、**M** 和 **N** = 不动产、商业和行政管理活动
- **其他**

附录

1 全球和地区性数据

总失业人口(百万)

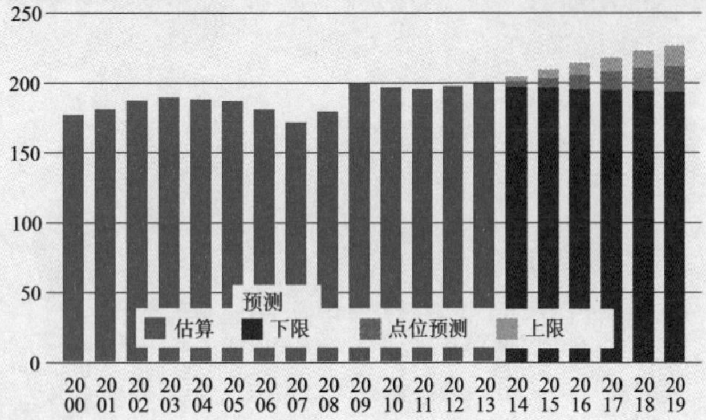

总失业率(百分比)

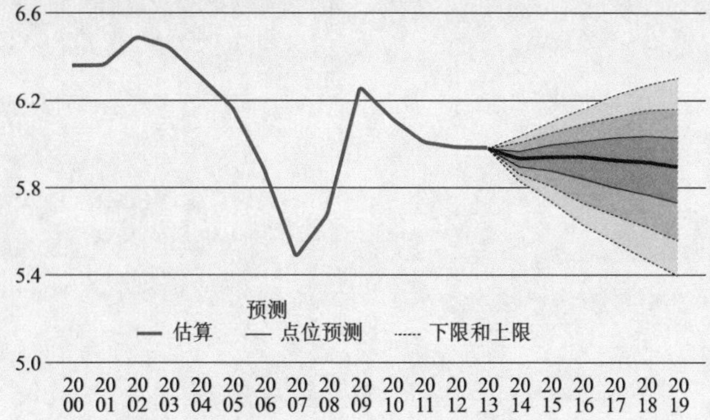

劳动力参与率(百分比)

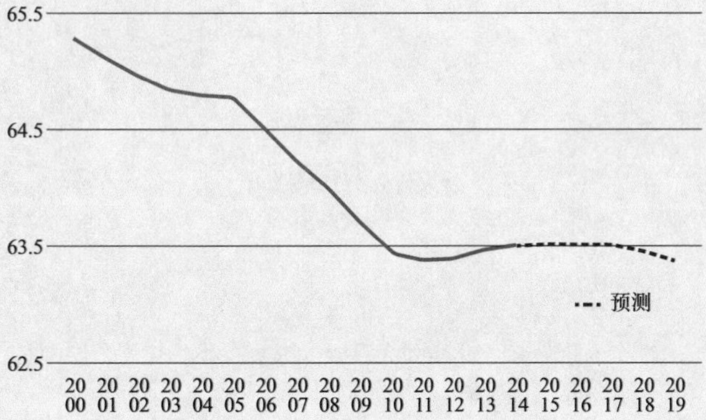

青年失业率(百分比)

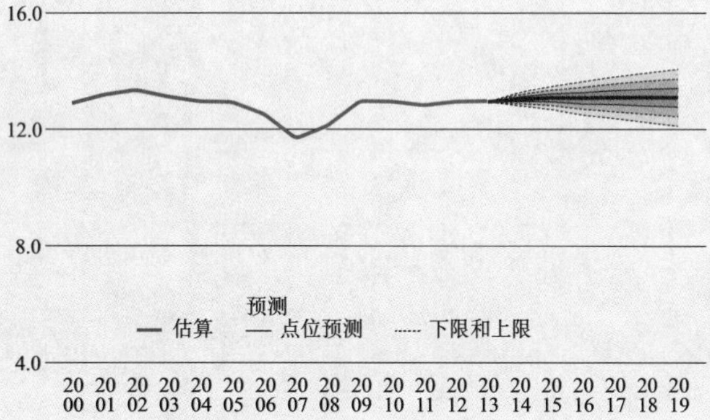

总就业人口(百万)

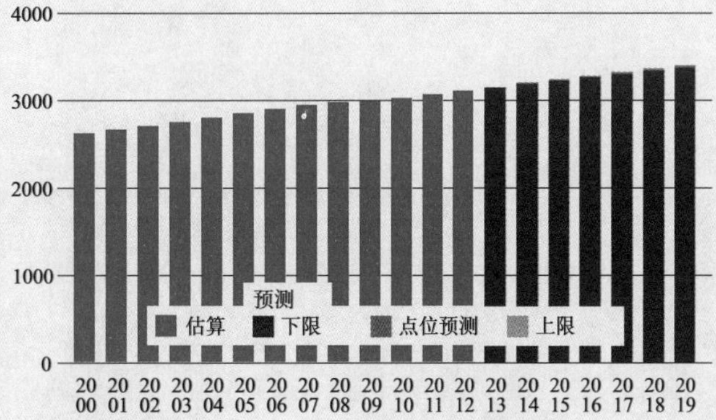

总就业人口占总人口的比例(百分比)

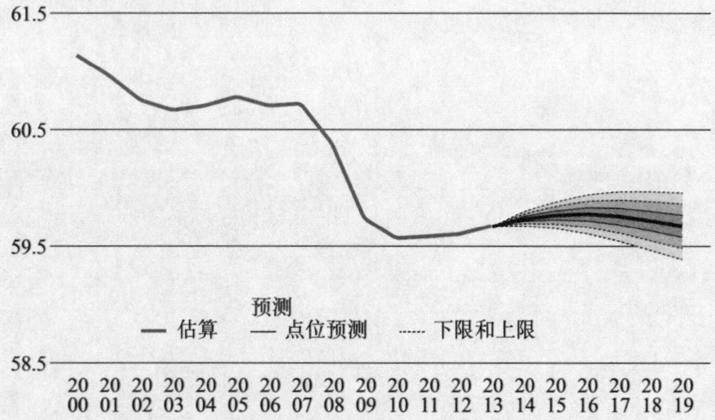

各职业就业率——任务类型(百分比)

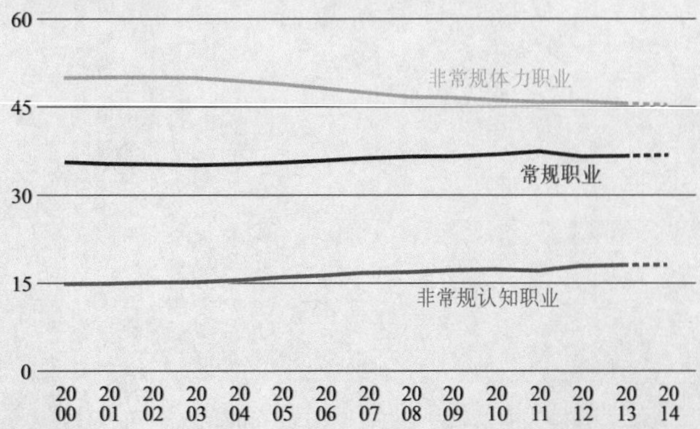

各职业就业率——技能水平(百分比)

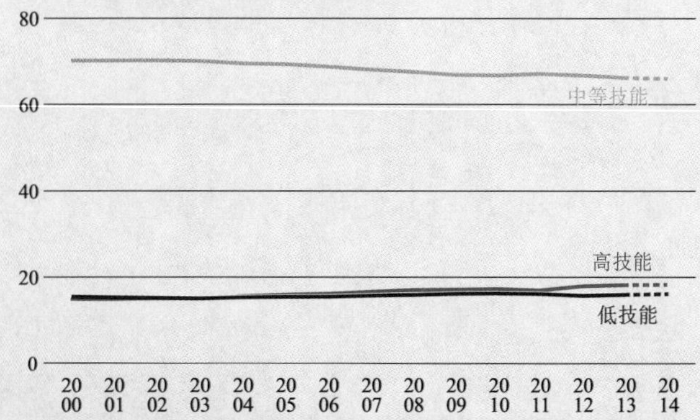

全球

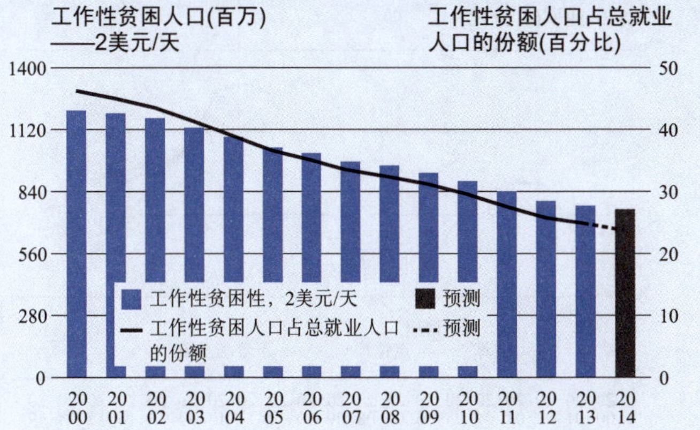
工作性贫困人口(百万)
——2美元/天
工作性贫困人口占总就业人口的份额(百分比)
工作性贫困性，2美元/天
预测
工作性贫困人口占总就业人口的份额
预测

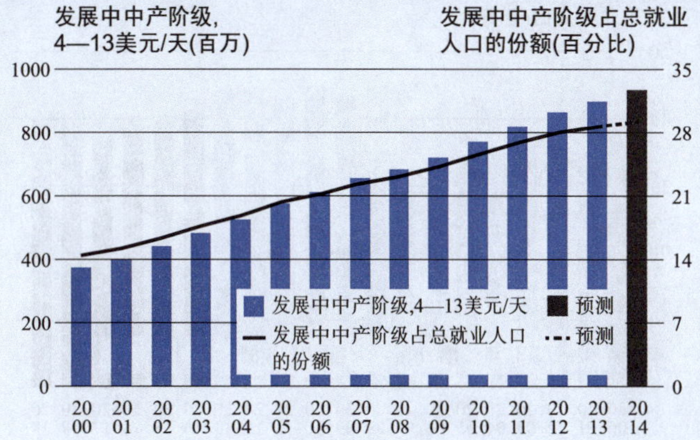
发展中中产阶级，4—13美元/天(百万)
发展中中产阶级占总就业人口的份额(百分比)
发展中中产阶级，4—13美元/天
预测
发展中中产阶级占总就业人口的份额
预测

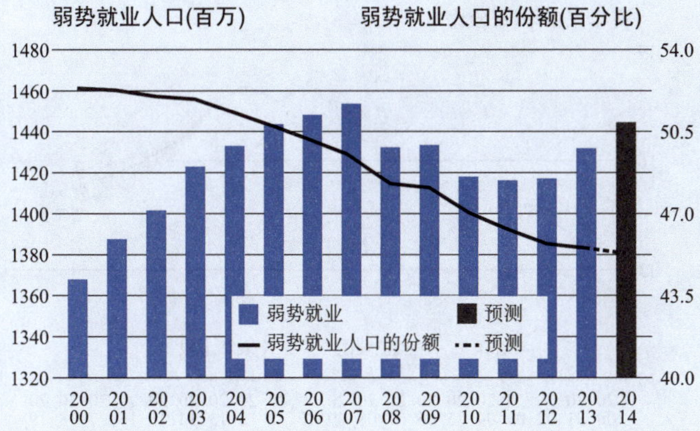
弱势就业人口(百万)
弱势就业人口的份额(百分比)
弱势就业
预测
弱势就业人口的份额
预测

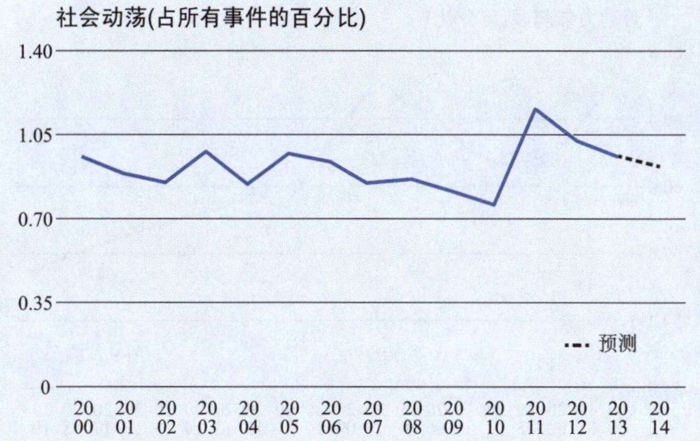
社会动荡(占所有事件的百分比)
预测

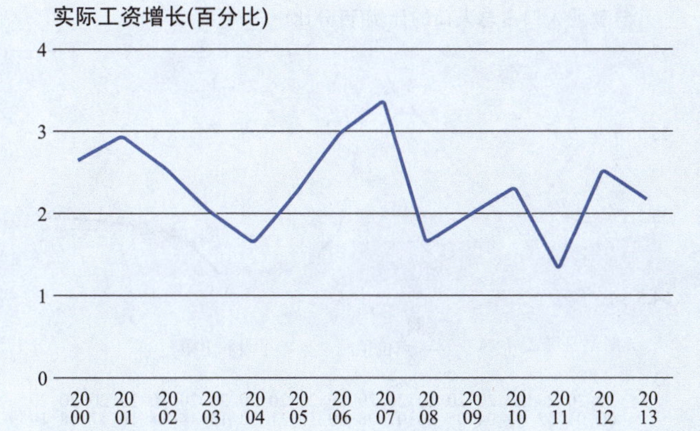
实际工资增长(百分比)

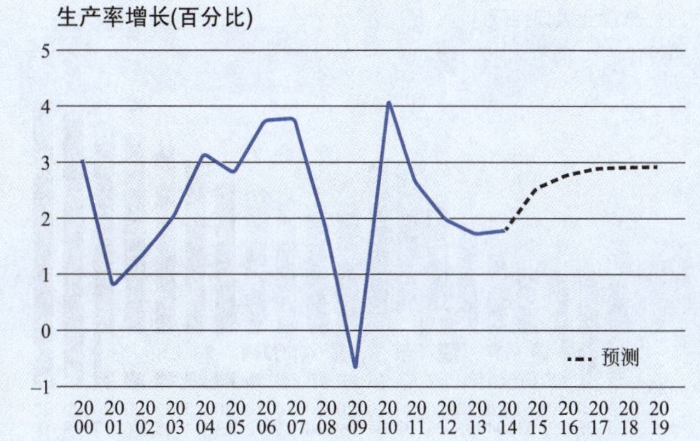
生产率增长(百分比)
预测

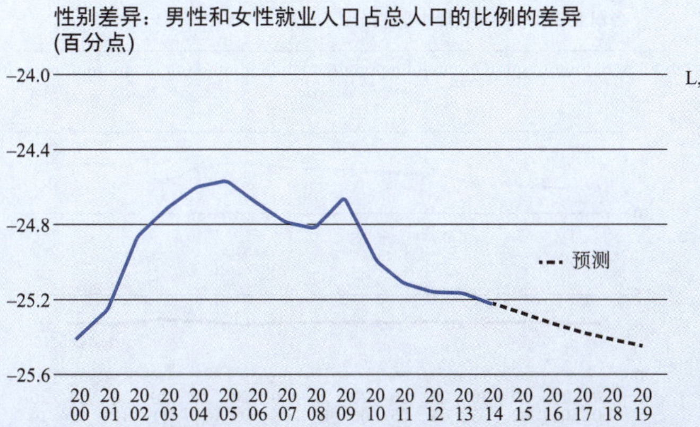
性别差异：男性和女性就业人口占总人口的比例的差异(百分点)
预测

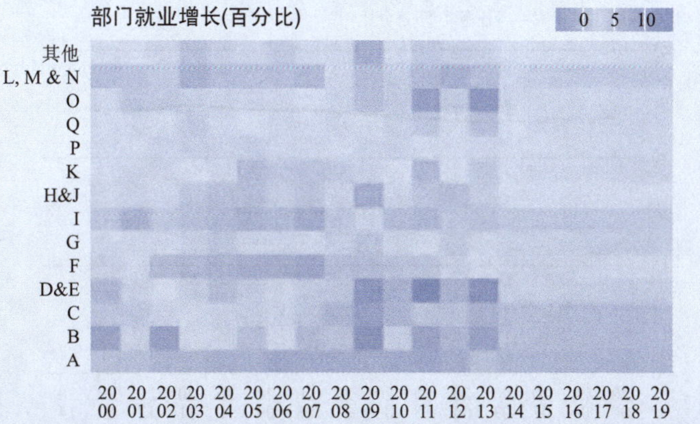
部门就业增长(百分比)
0 5 10
其他
L, M & N
O
Q
P
K
H&J
I
G
F
D&E
C
B
A

附录

1

全球和地区性数据

发达经济体和欧盟

总失业人口(百万)

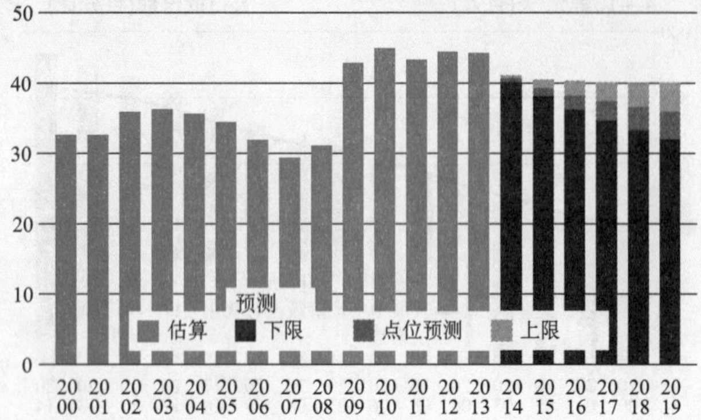

总失业率(百分比)

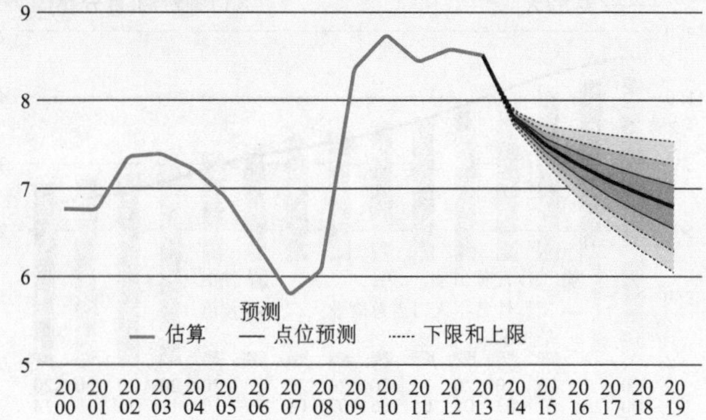

劳动力参与率(百分比)

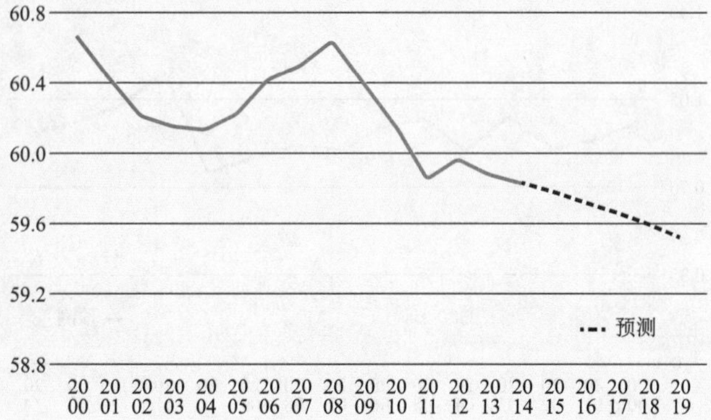

青年失业率(百分比)

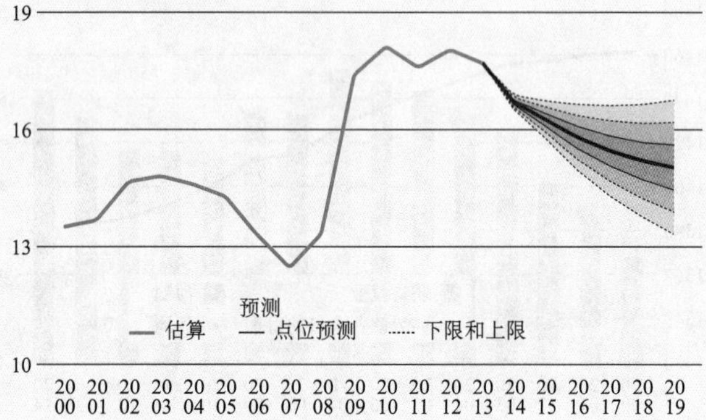

总就业人口(百万)

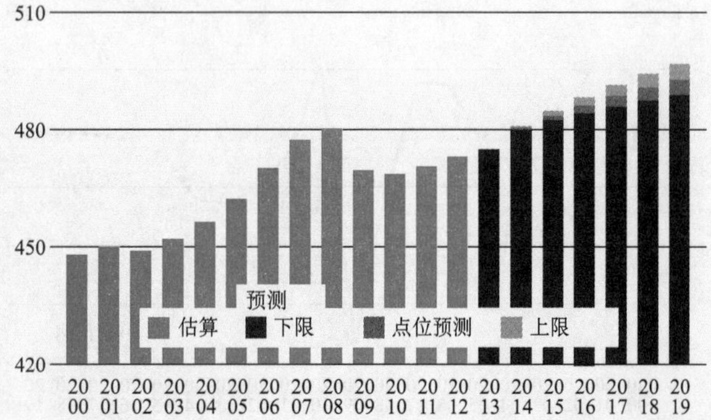

总就业人口占总人口的比例(百分比)

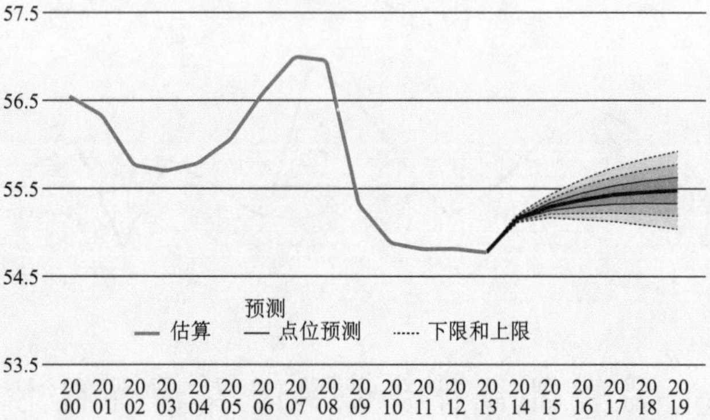

各职业就业率——任务类型(百分比)

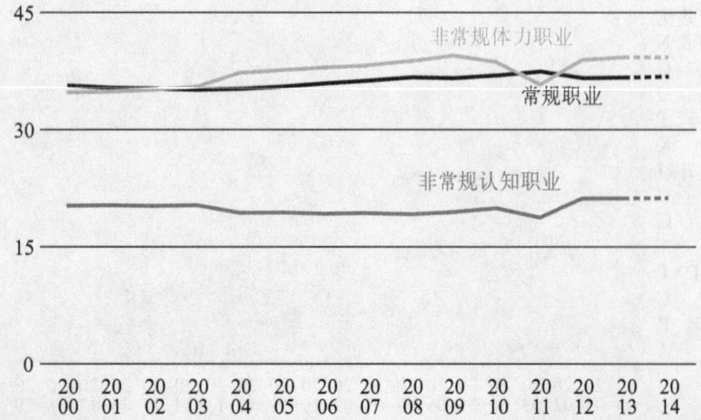

各职业就业率——技能水平(百分比)

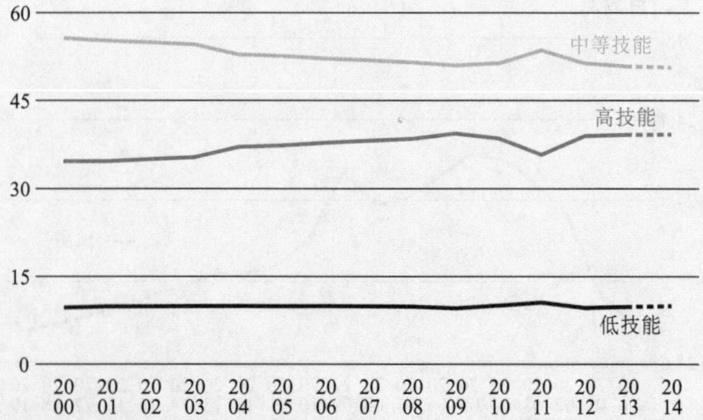

发达经济体和欧盟

弱势就业人口(百万)　　弱势就业人口的份额

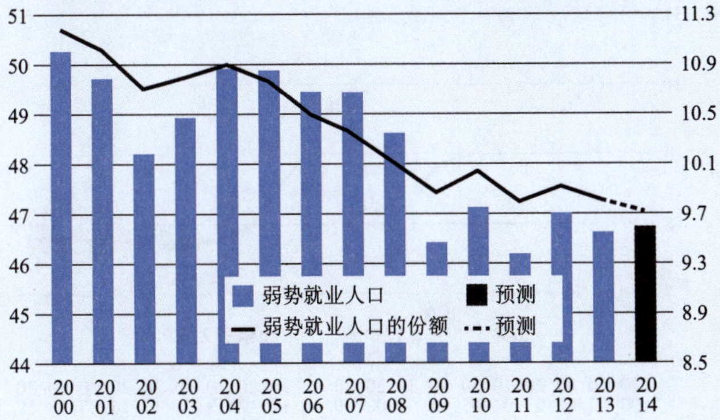

社会动荡(占所有事件的百分比)(百分比)

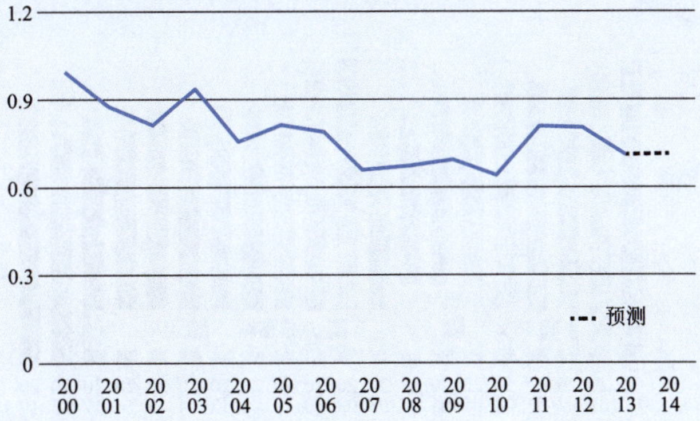

实际工资增长(百分比)

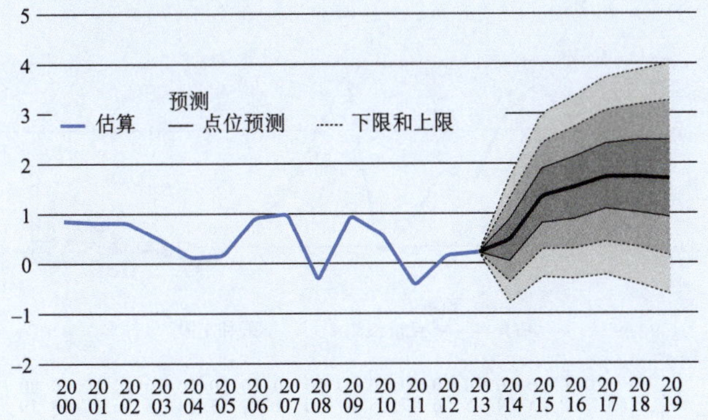

生产率增长(百分比)

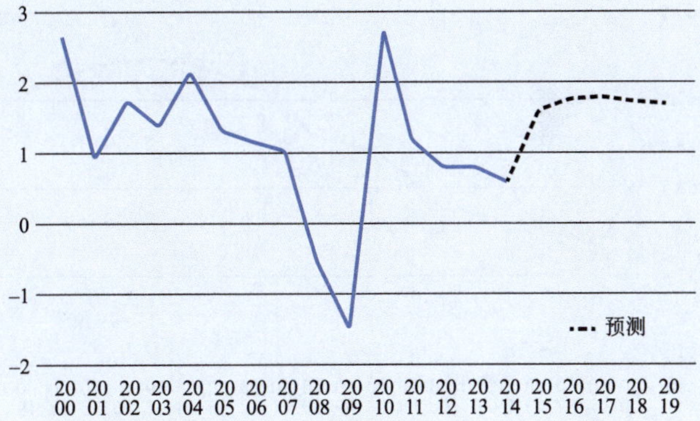

性别差异：男性和女性就业人口占总人口的比例的差异(百分点)

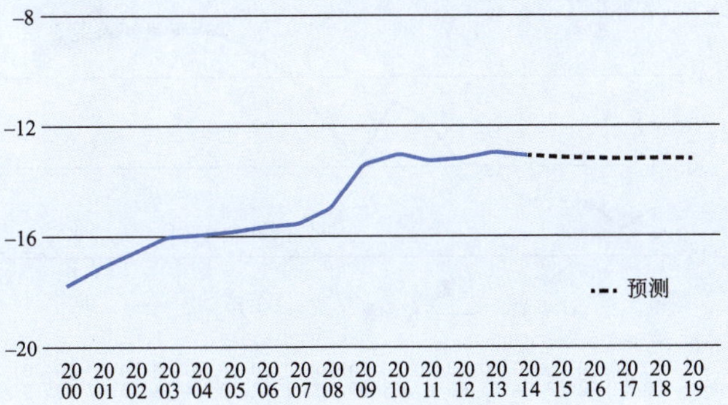

部门就业增长率(百分比)

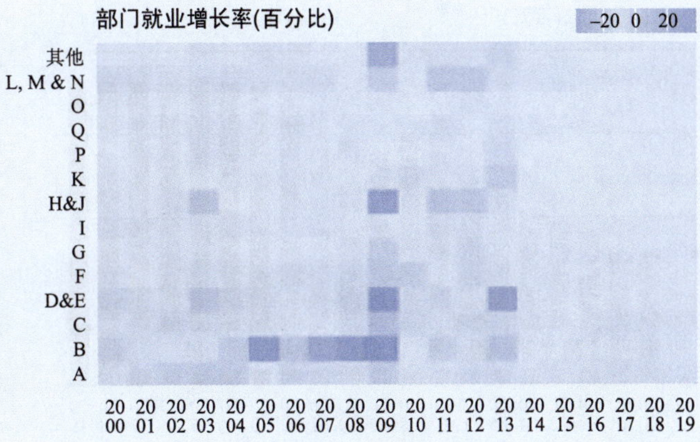

总失业人口(百万)

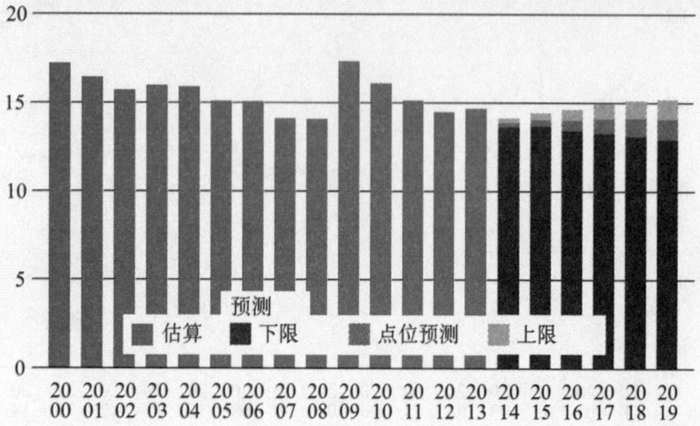

总失业率(百分比)

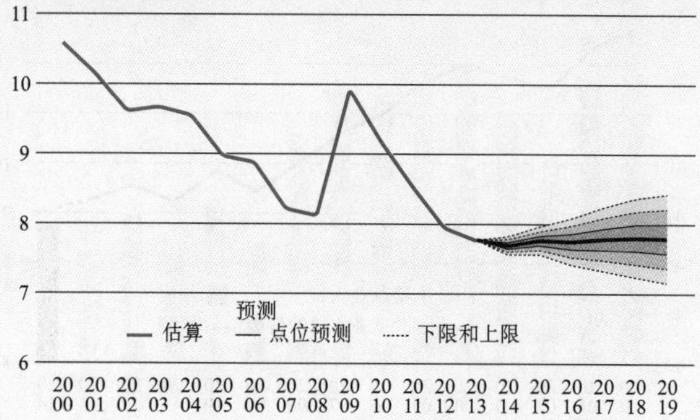

劳动力参与率(百分比)

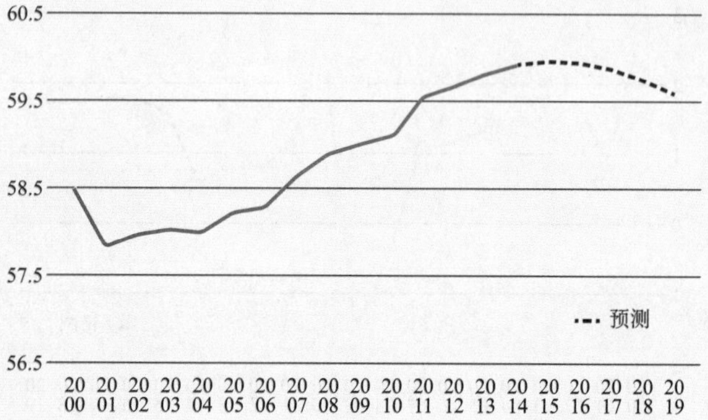

青年失业率(百分比)

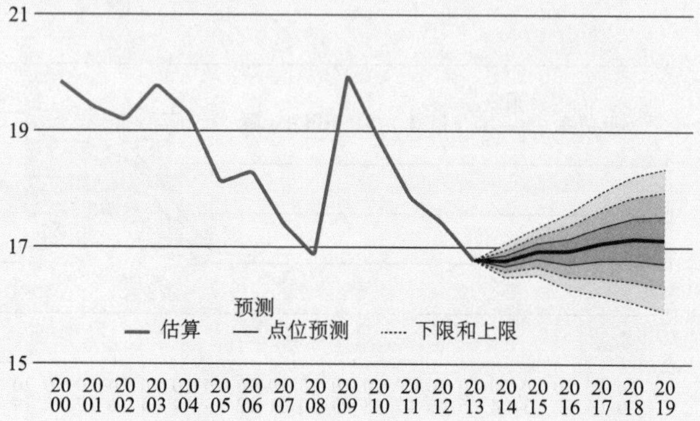

总就业人口(百万)

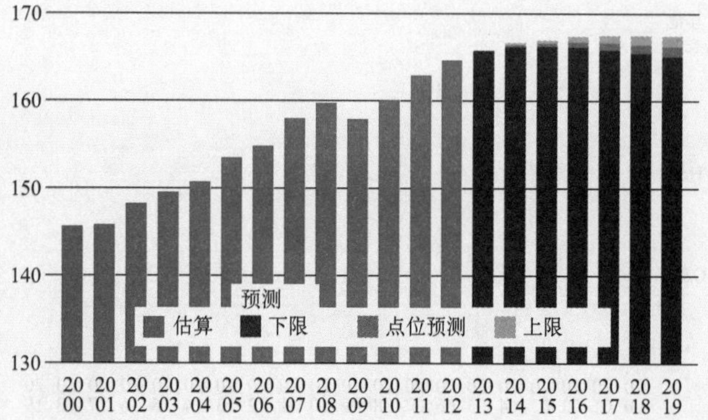

总就业人口占总人口的比例(百分比)

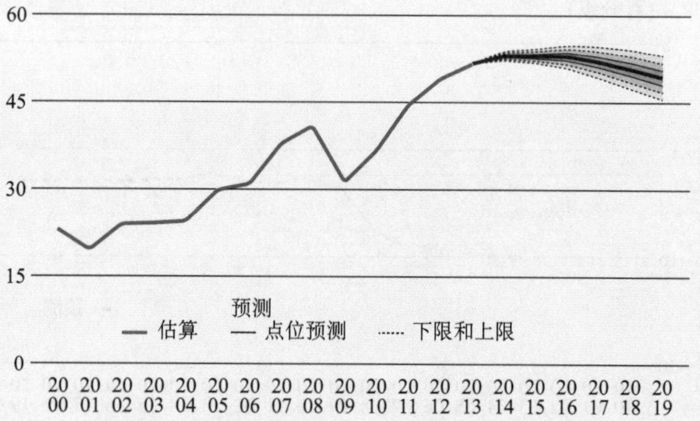

各职业就业率——任务类型(百分比)

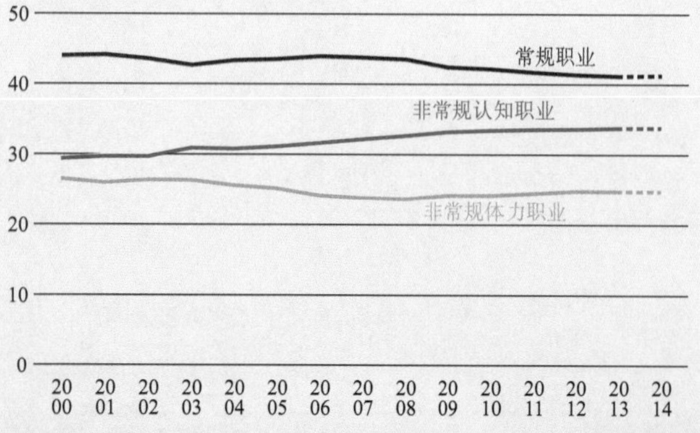

各职业就业率——技能水平(百分比)

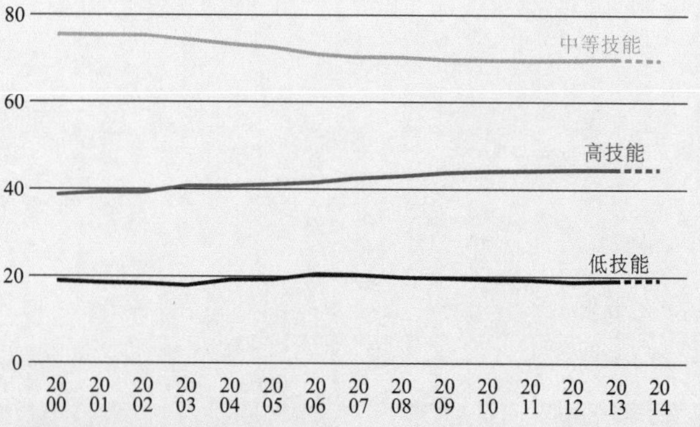

中欧和东南欧（非欧盟）及独联体

工作性贫困人口(百万)，2美元/天　　工作性贫困人口占总就业人口的份额(百分比)

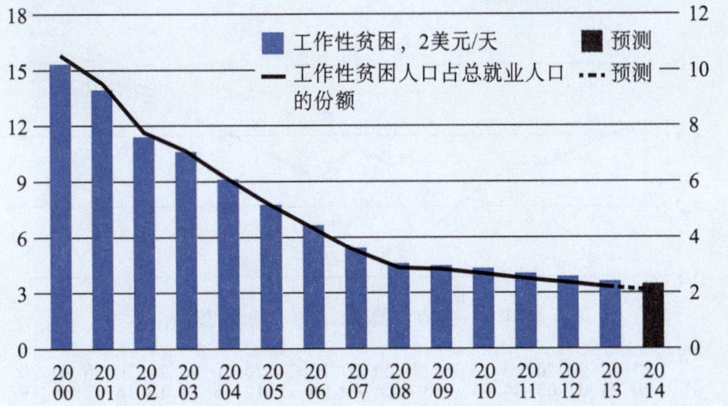

发展中中产阶级，4—13美元/天(百万)　　发展中中产阶级占总就业人口的份额(百分比)

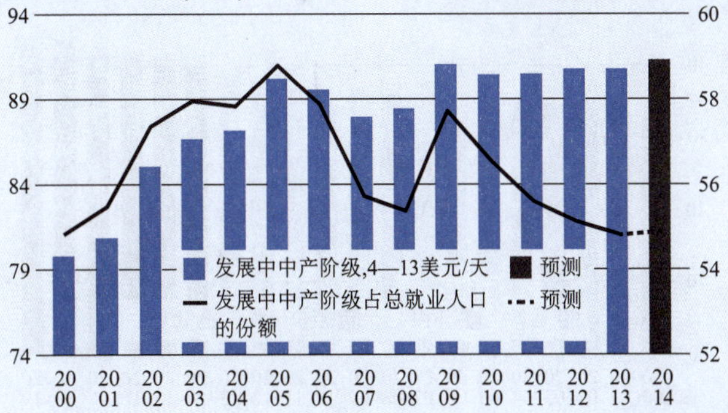

弱势就业人口(百万)　　弱势就业人口的份额(百分比)

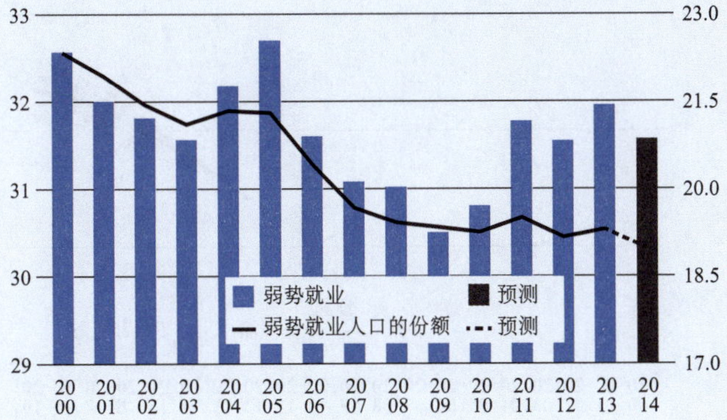

社会动荡(占所有事件的百分比)(百分比)

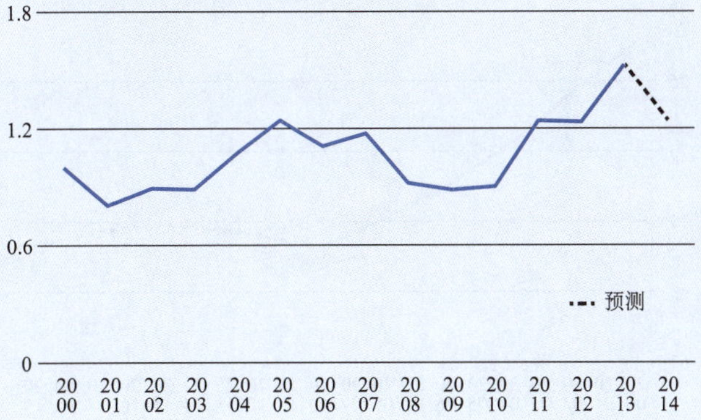

实际工资增长(百分比)

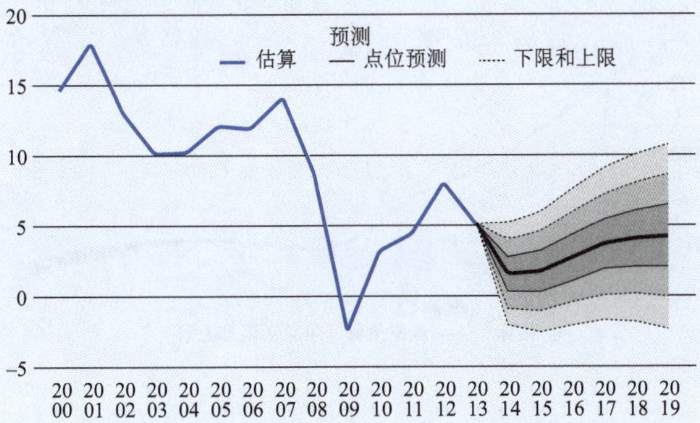

生产率增长(百分比)

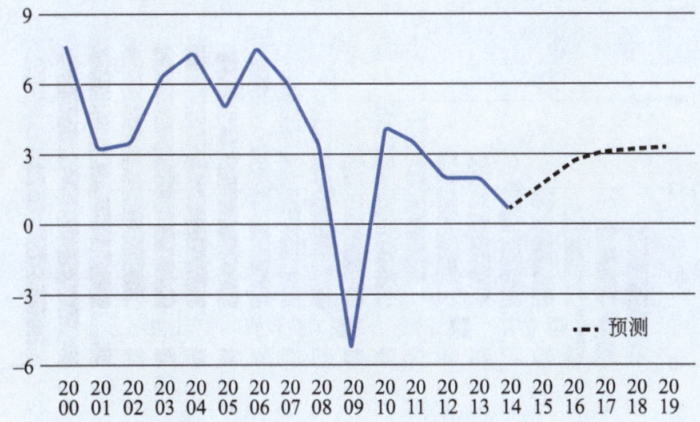

性别差异：男性和女性就业人口占总人口的比例的差异(百分点)

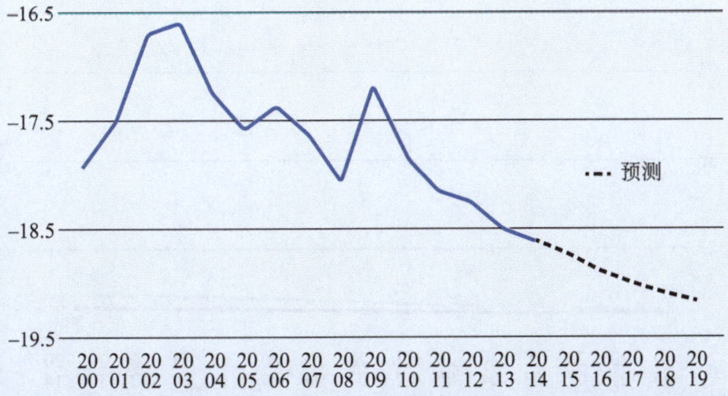

部门就业增长(百分比)

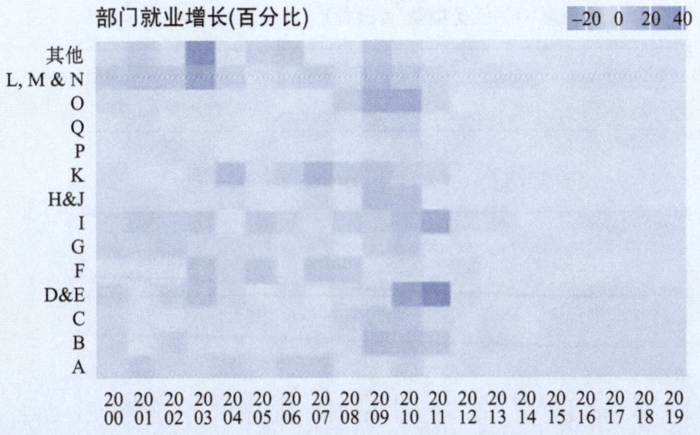

附录

1

全球和地区性数据

总失业人口(百万)

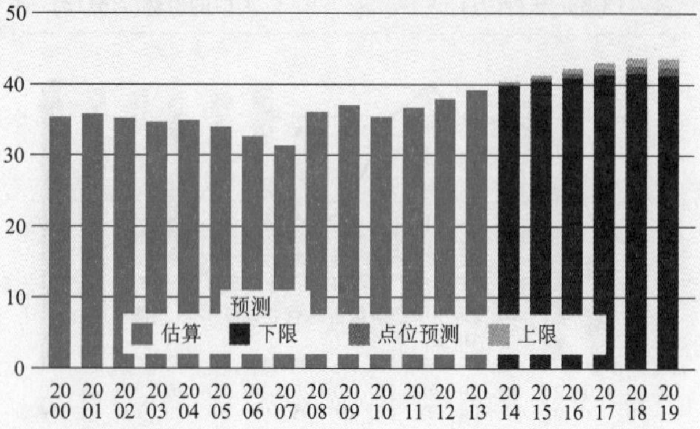

总失业率(百分比)

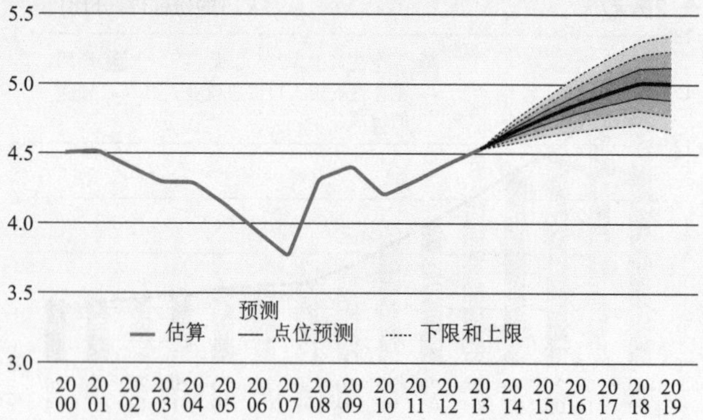

劳动力参与率(百分比)

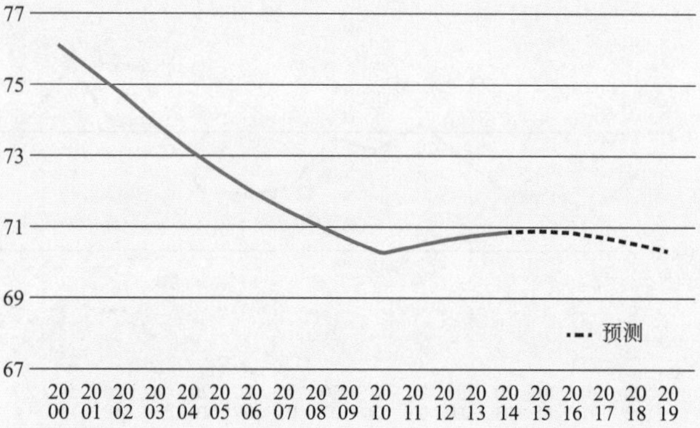

青年失业率(百分比)

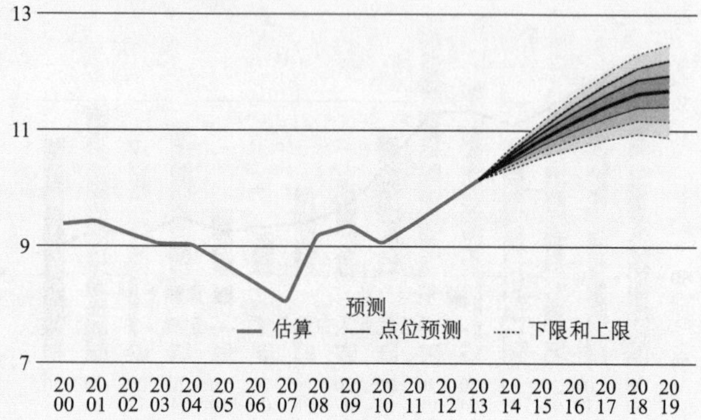

总就业人口(百万)

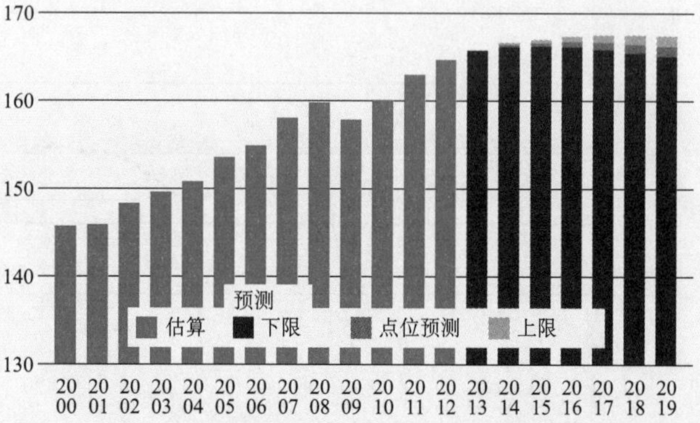

总就业人口占总人口的比例(百分比)

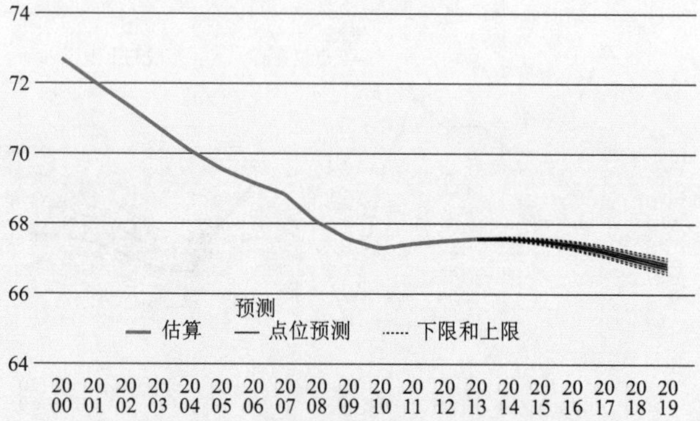

各职业就业率——任务类型(百分比)

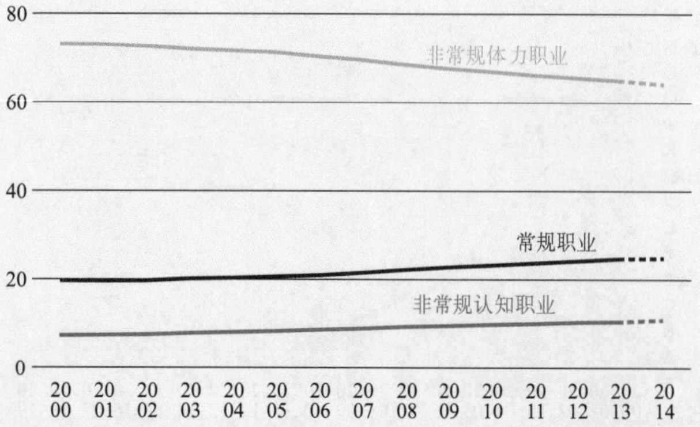

各职业就业率——技能水平(百分比)

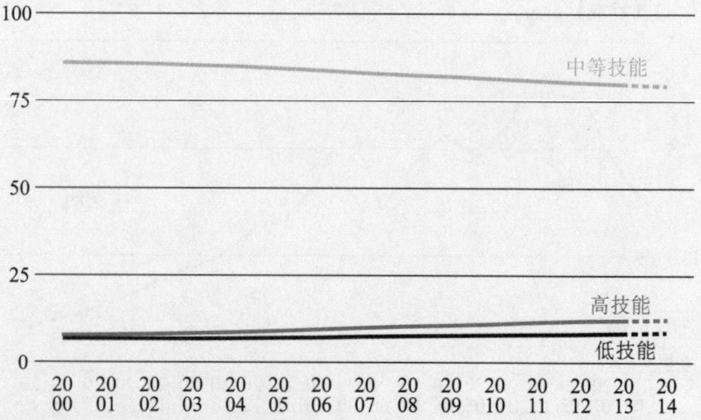

东亚

工作性贫困人口(百万)，2美元/天　　工作性贫困人口占总就业人口的份额(百分比)

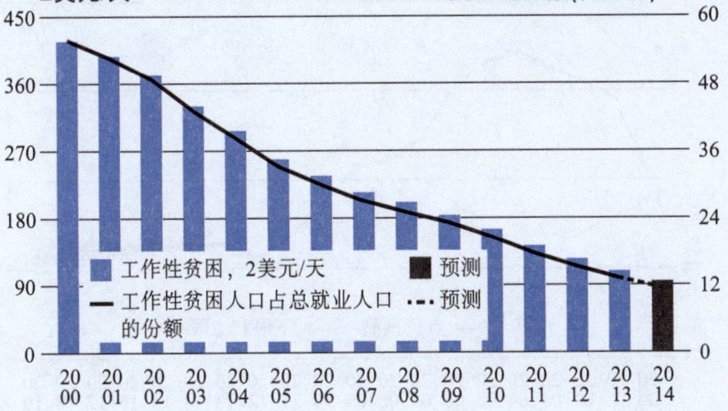

发展中中产阶级，4—13美元/天(百万)　　发展中中产阶级占总就业人口的份额(百分比)

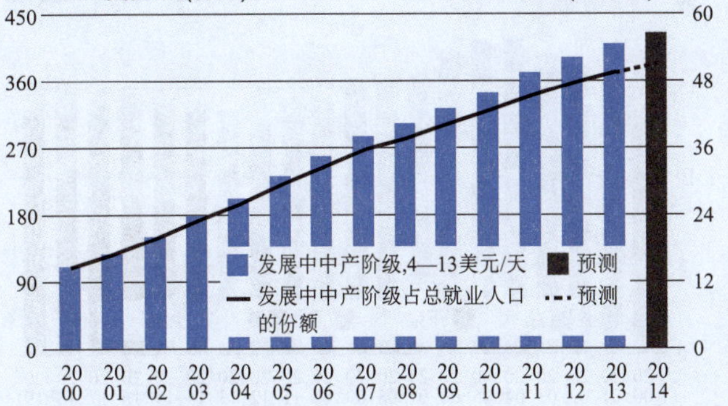

弱势就业人口(百万)　　弱势就业人口的份额(百分比)

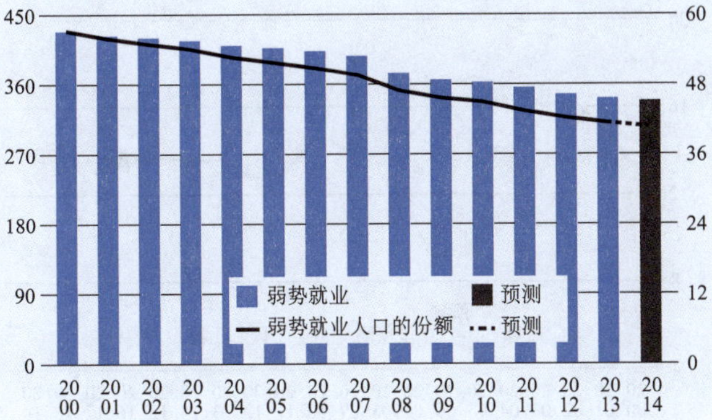

社会动荡(占所有事件的百分比)(百分比)

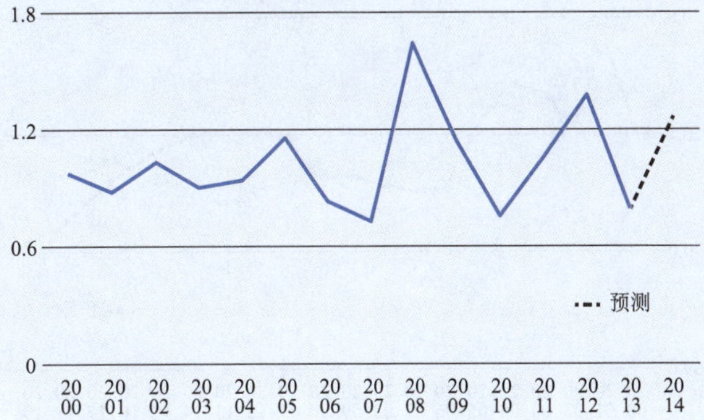

实际工资增长(百分比)

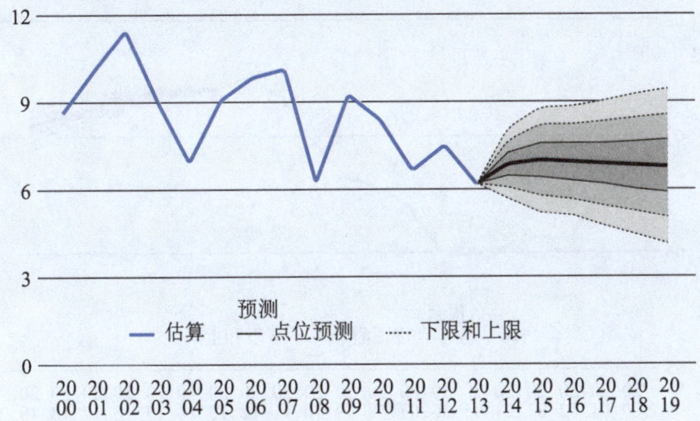

生产率增长(百分比)

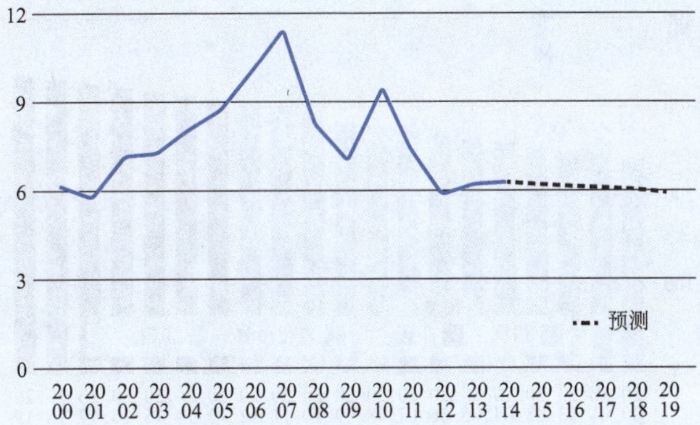

性别差异：男性和女性就业人口占总人口的比例的差异(百分比)

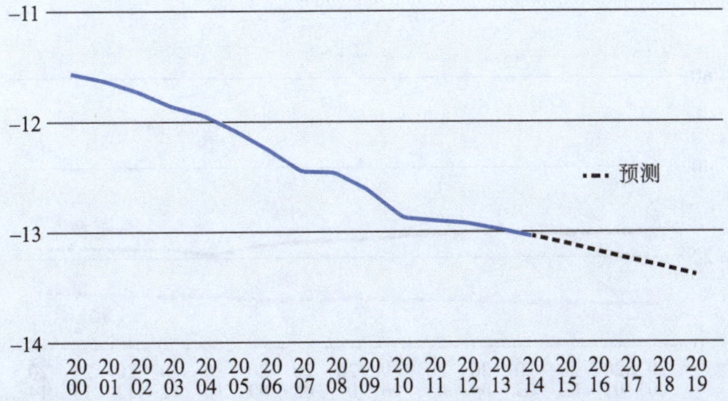

部门就业增长(百分比)

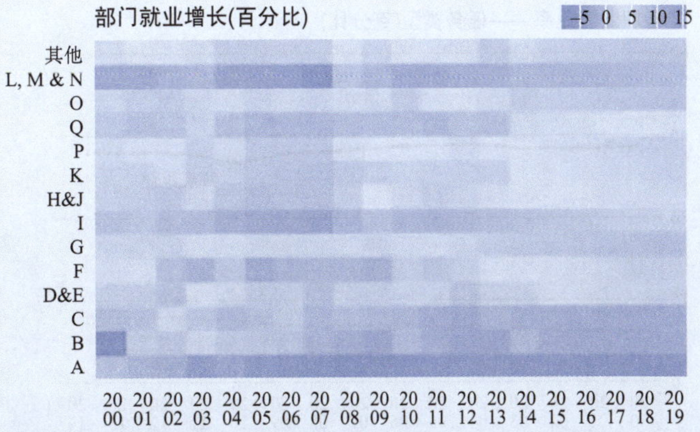

附录

1

全球和地区性数据

东南亚和太平洋地区

总失业人口(百万)

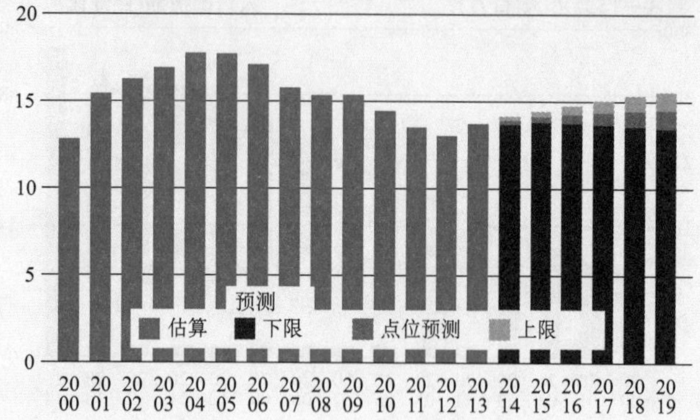

总失业率(百分比)

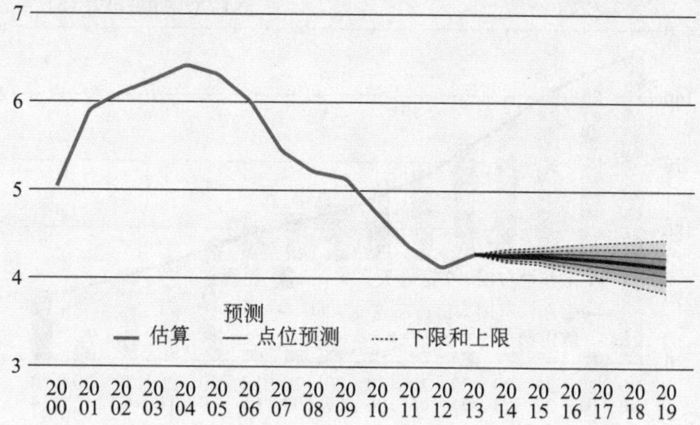

劳动力参与率(百分比)

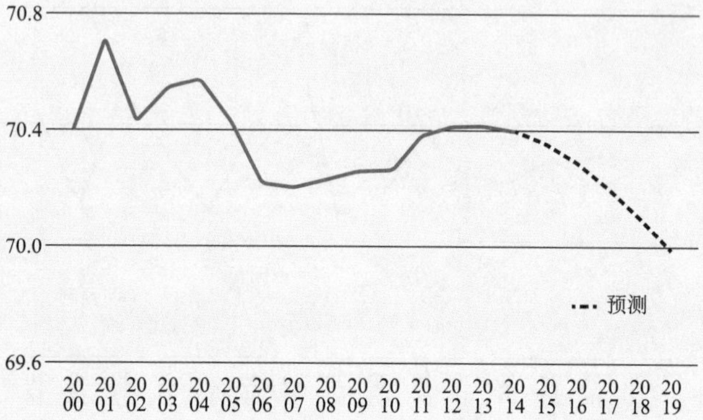

青年失业率(百分比)

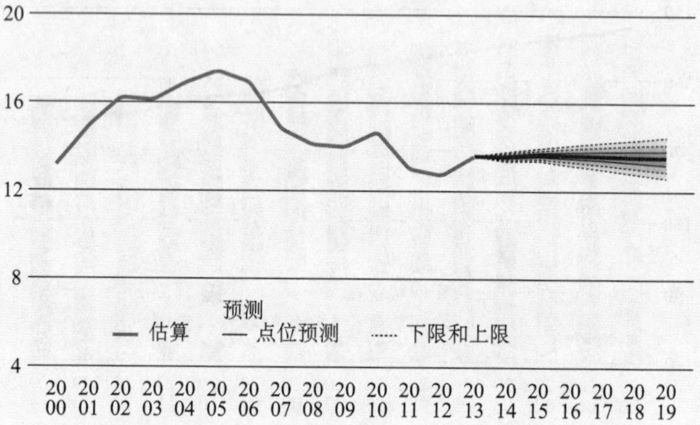

总就业人口(百万)

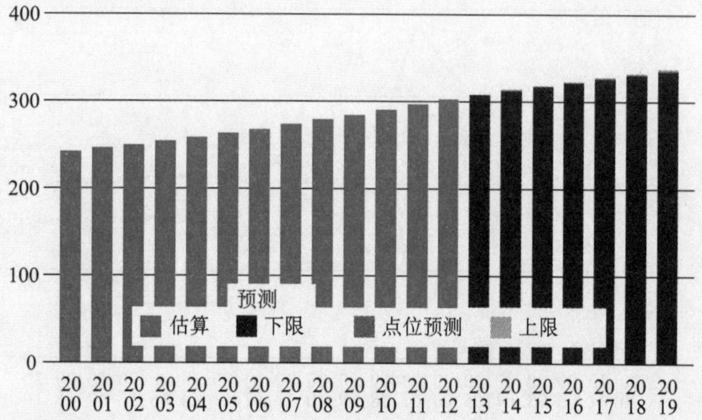

总就业人口占总人口的比例(百分比)

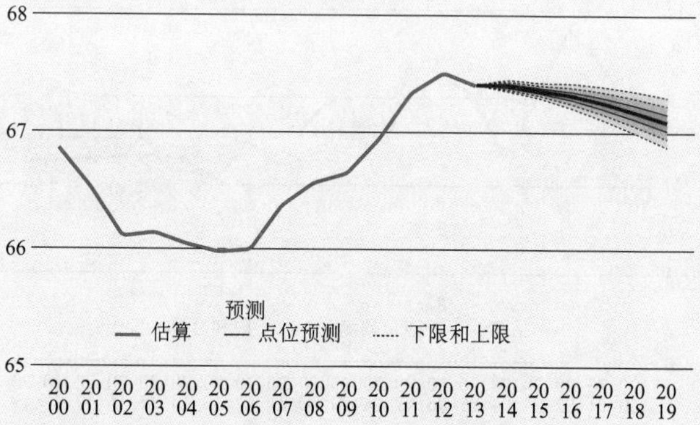

各职业就业率——任务类型(百分比)

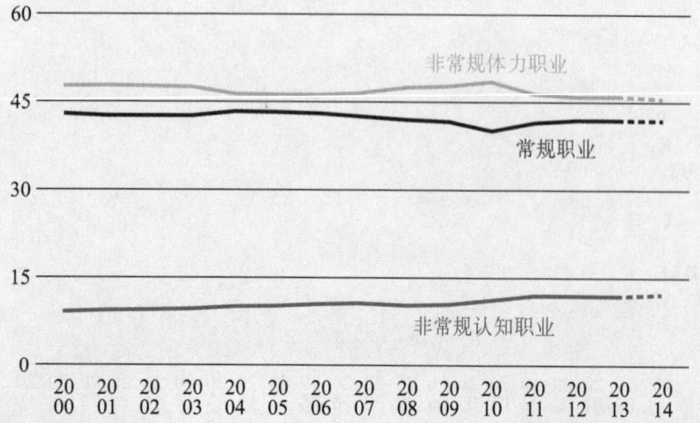

各职业就业率——技能水平(百分比)

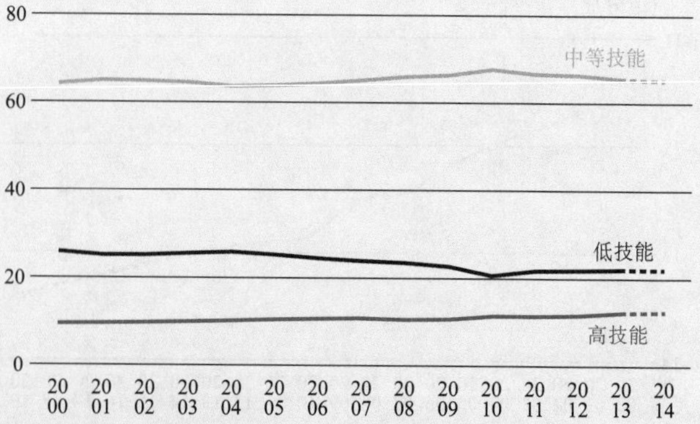

东南亚和太平洋地区

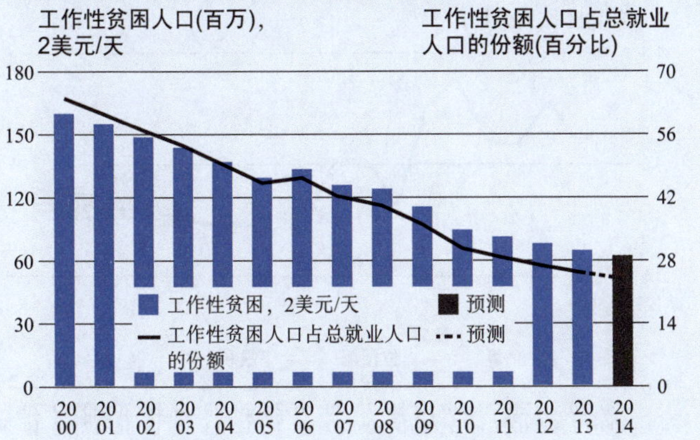
工作性贫困人口(百万)，2美元/天
工作性贫困人口占总就业人口的份额(百分比)
工作性贫困，2美元/天
预测
工作性贫困人口占总就业人口的份额
预测

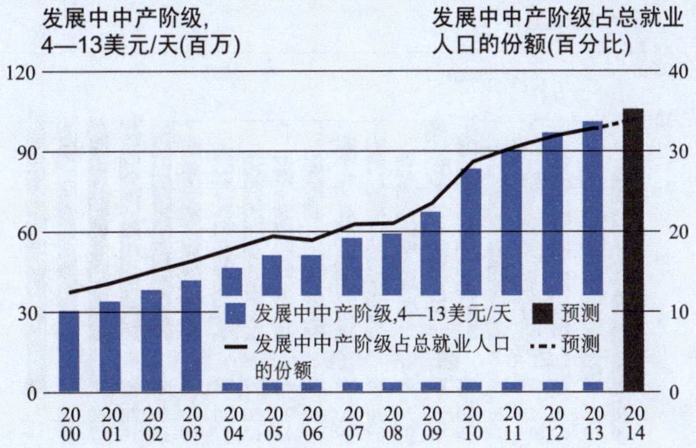
发展中中产阶级，4—13美元/天(百万)
发展中中产阶级占总就业人口的份额(百分比)
发展中中产阶级,4—13美元/天
预测
发展中中产阶级占总就业人口的份额
预测

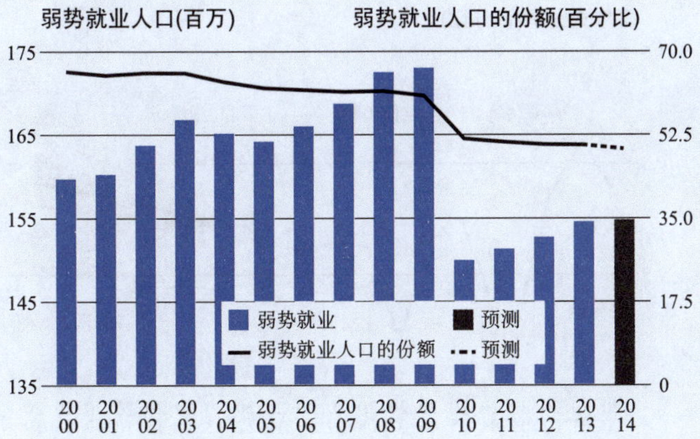
弱势就业人口(百万)
弱势就业人口的份额(百分比)
弱势就业
预测
弱势就业人口的份额
预测

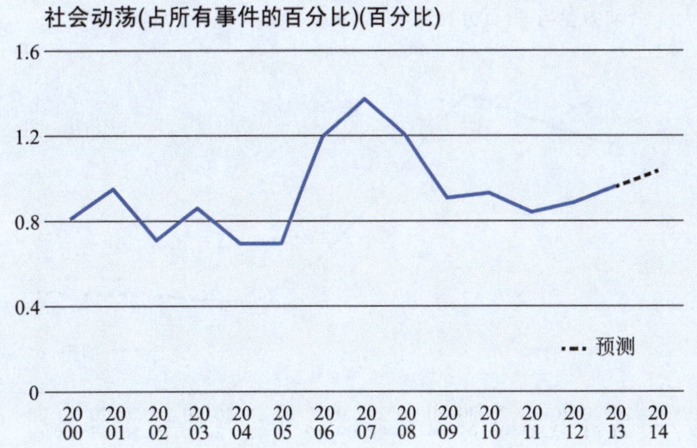
社会动荡(占所有事件的百分比)(百分比)
预测

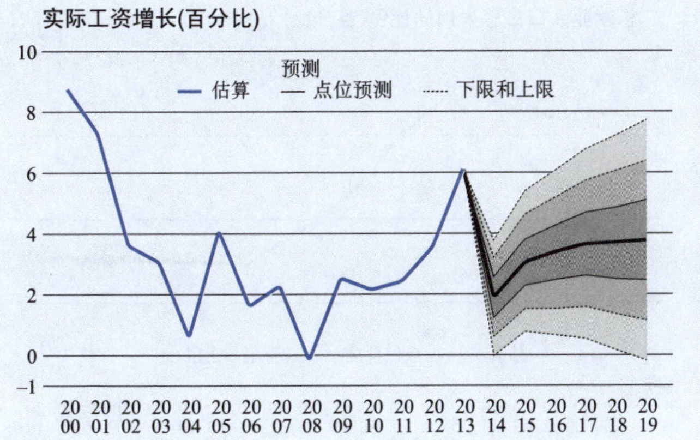
实际工资增长(百分比)
预测
估算
点位预测
下限和上限

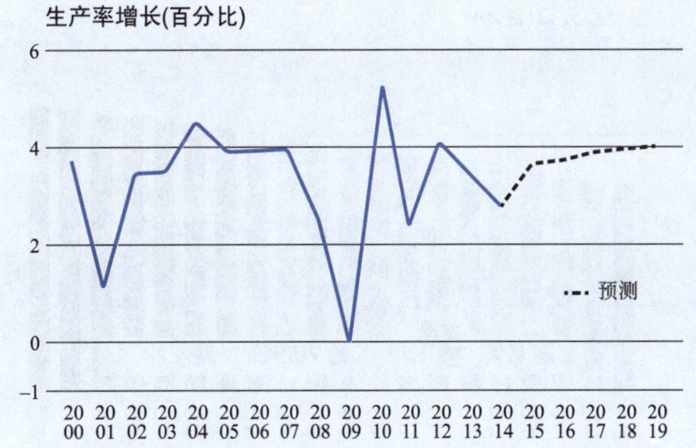
生产率增长(百分比)
预测

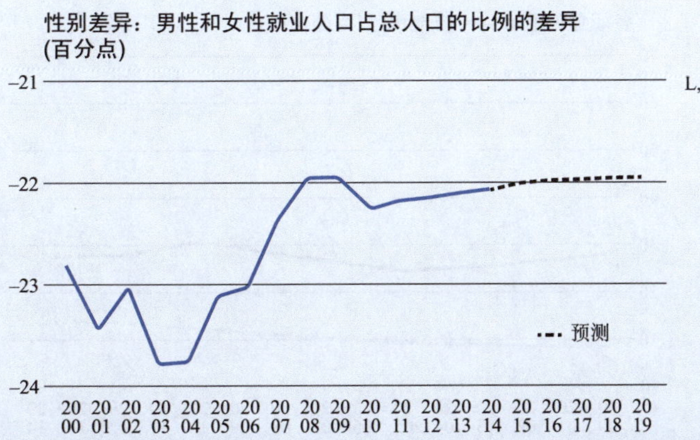
性别差异：男性和女性就业人口占总人口的比例的差异(百分点)
预测

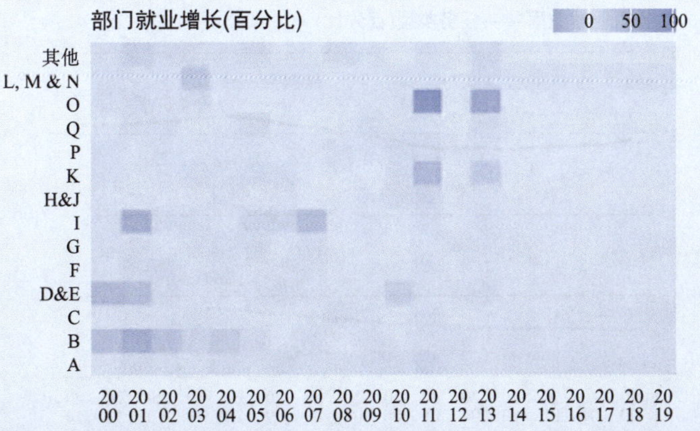
部门就业增长(百分比)
0 50 100
其他
L, M & N
O
Q
P
K
H&J
I
G
F
D&E
C
B
A

附录

1

全球和地区性数据

南亚

总失业人口(百万)

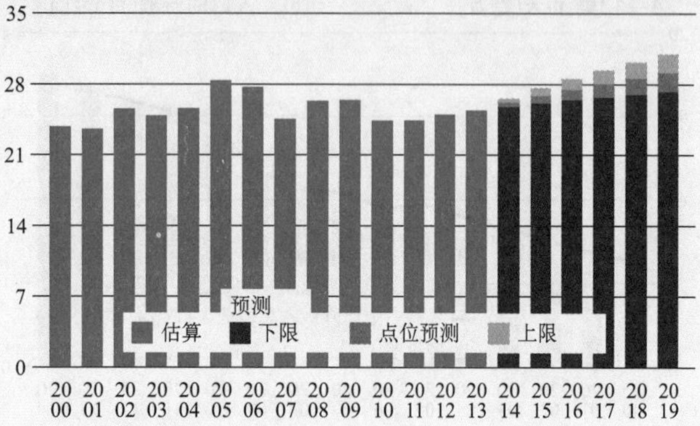

总失业率(百分比)

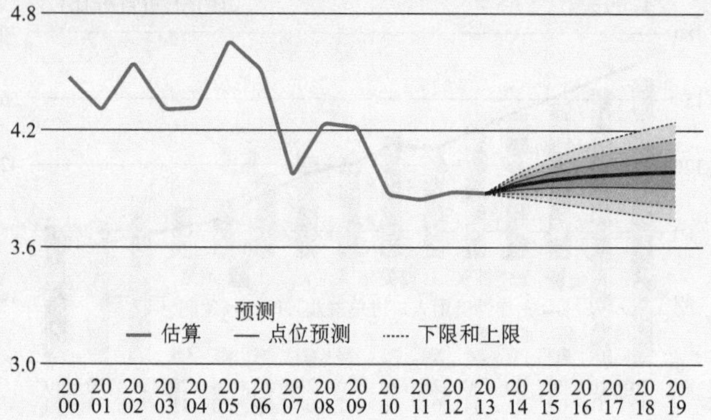

劳动力参与率(百分比)

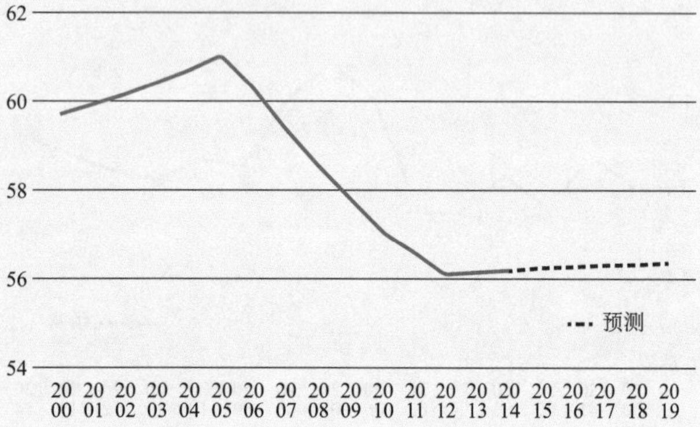

青年失业率(百分比)

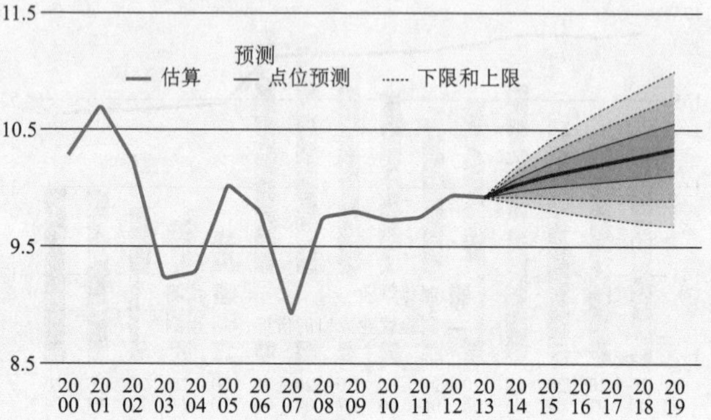

总就业人口(百万)

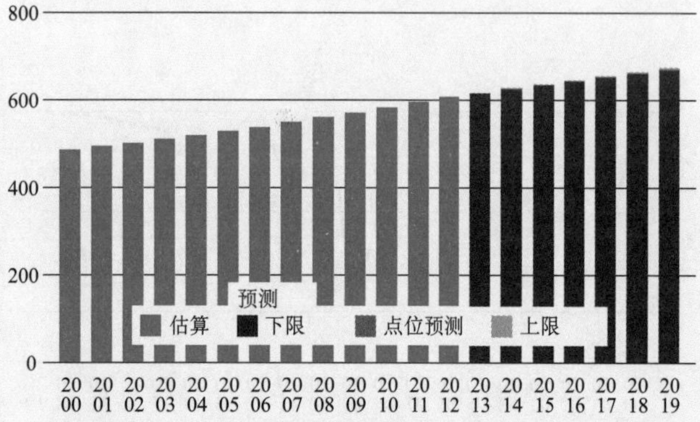

总就业人口占总人口的比例(百分比)

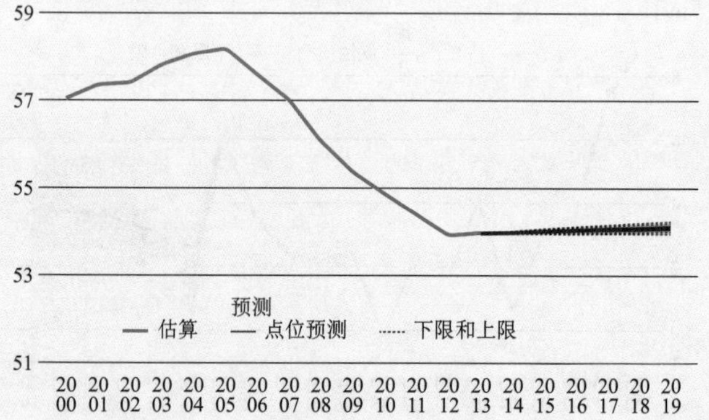

各职业就业率——任务类型(百分比)

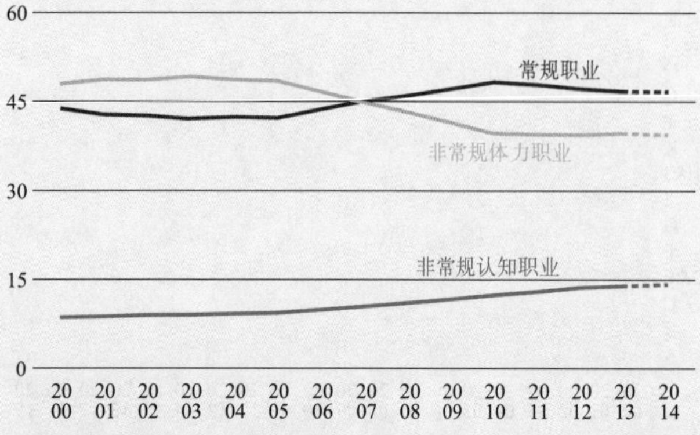

各职业就业率——技能水平(百分比)

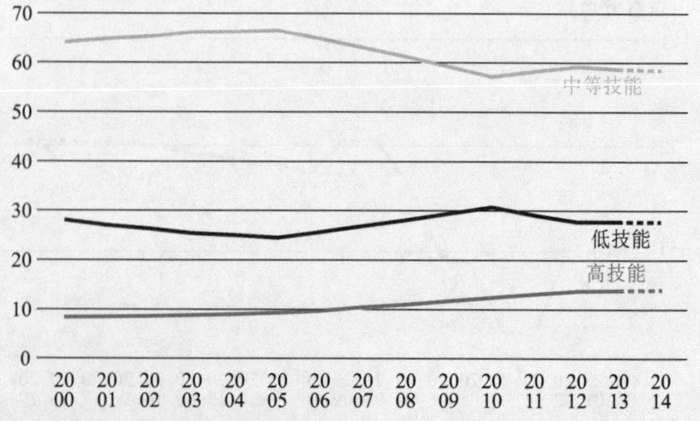

南亚

工作性贫困人口(百万)，2美元/天　　工作性贫困人口占总就业人口的份额(百分比)

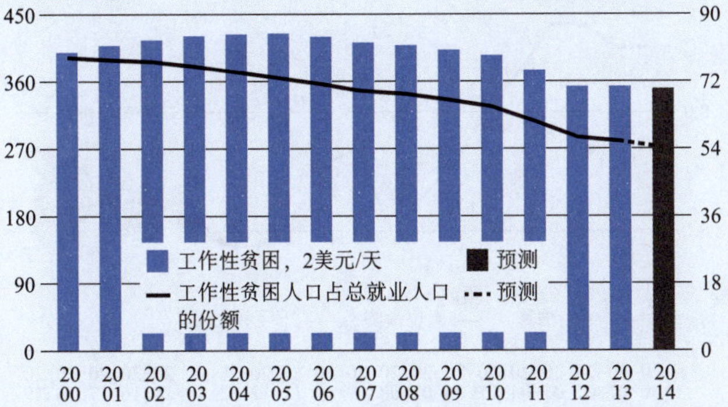

发展中中产阶级，4—13美元/天(百万)　　发展中中产阶级占总就业人口的份额(百分比)

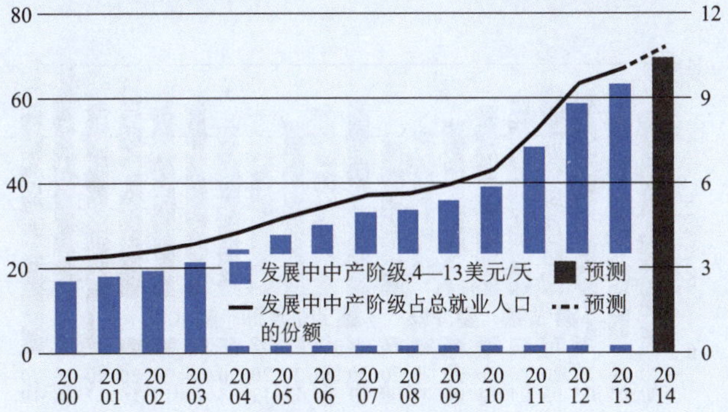

弱势就业人口(百万)　　弱势就业人口的份额(百分比)

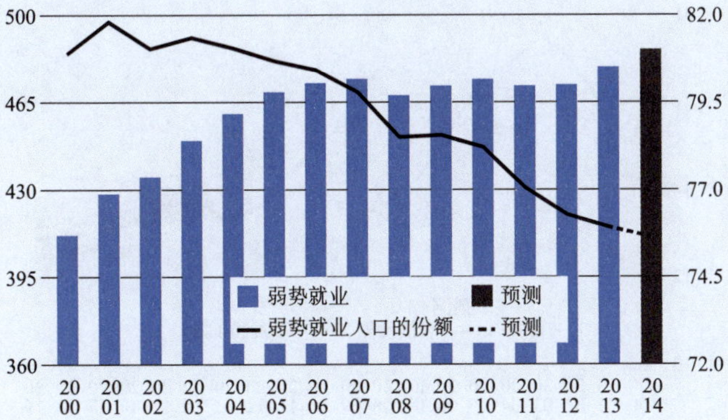

社会动荡(占所有事件的百分比)(百分比)

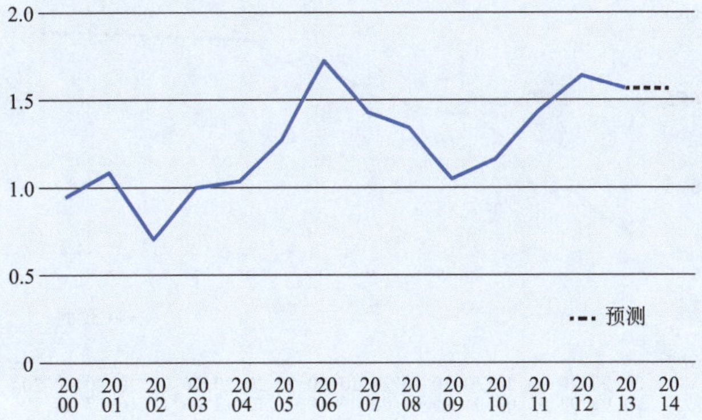

实际工资增长(百分比)

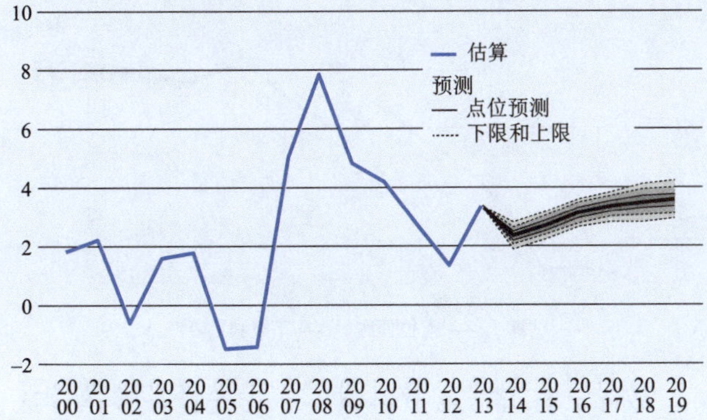

生产率增长(百分比)

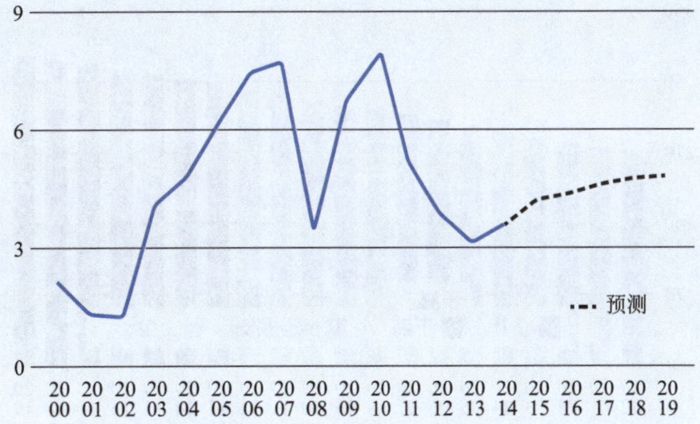

性别差异：男性和女性就业人口占总人口的比例的差异(百分点)

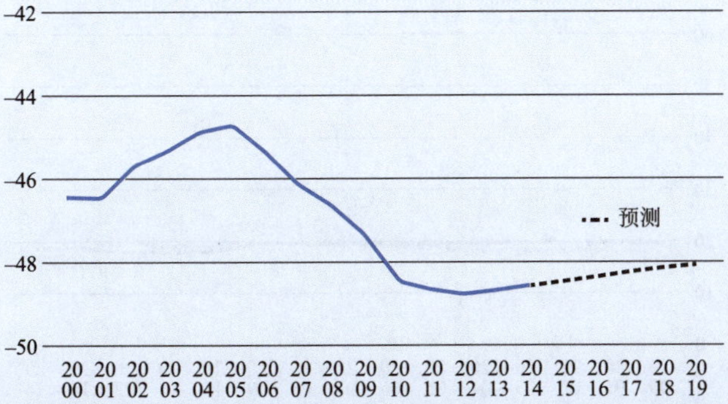

部门就业增长(百分比)

附录

1

全球和地区性数据

拉丁美洲和加勒比地区

总失业人口(百万)

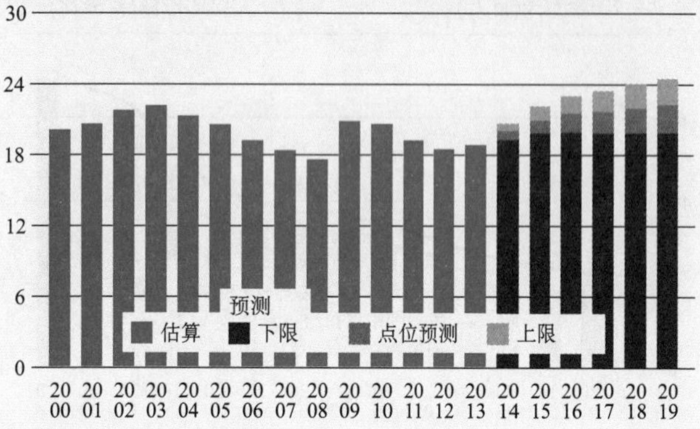

总失业率(百分比)

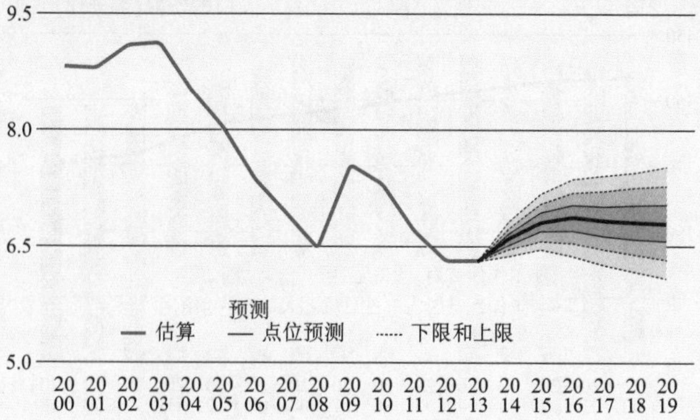

劳动力参与率(百分比)

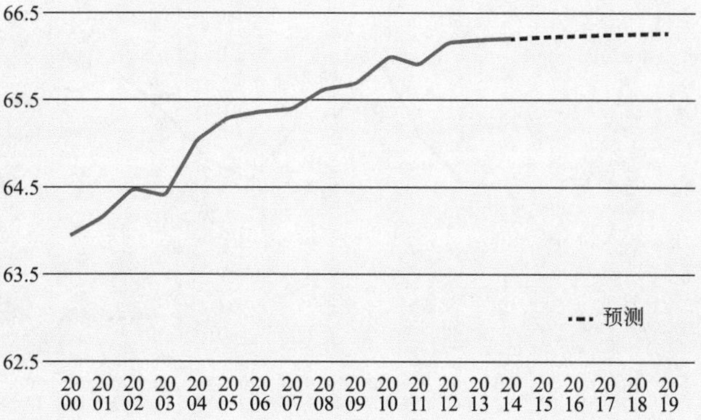

青年失业率(百分比)

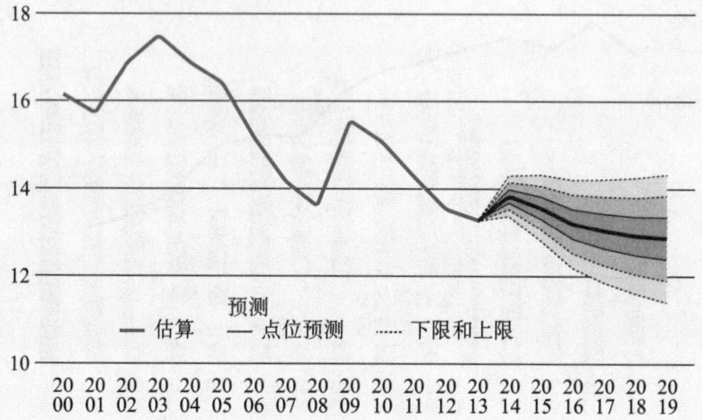

总就业人口(百万)

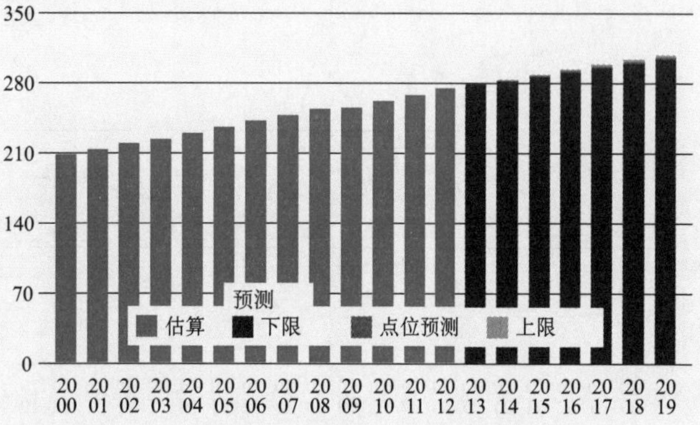

总就业人口占总人口的比例(百分比)

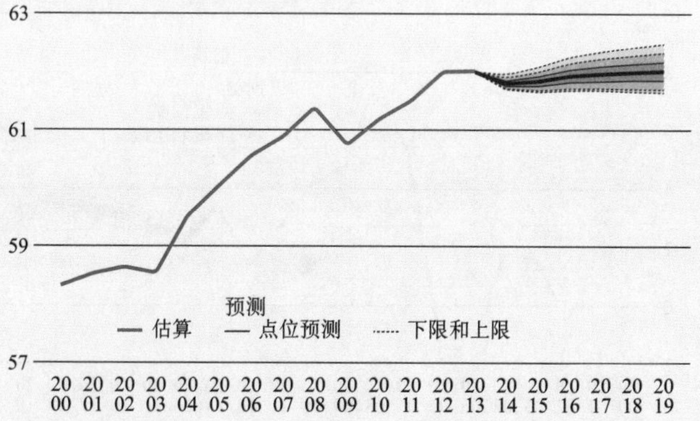

各职业就业率——任务类型(百分比)

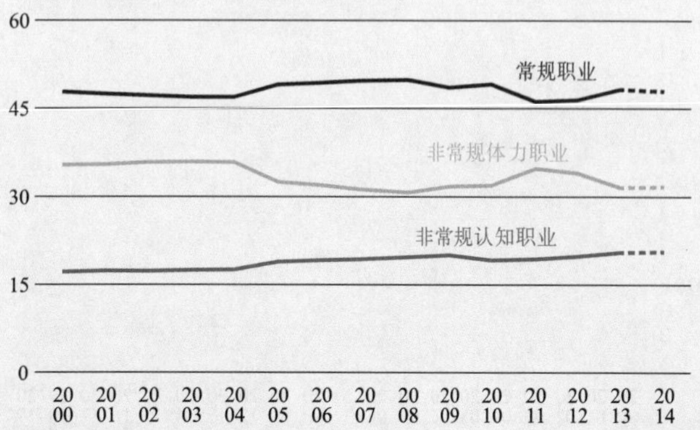

各职业就业率——技能水平(百分比)

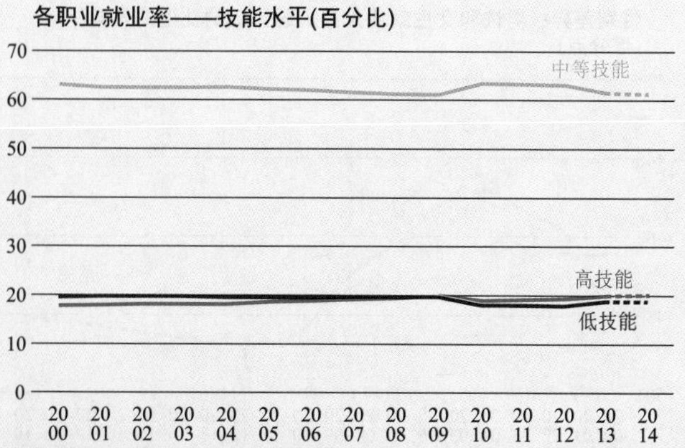

拉丁美洲和加勒比地区

工作性贫困人口(百万)，2美元/天　　工作性贫困人口占总就业人口的份额(百分比)

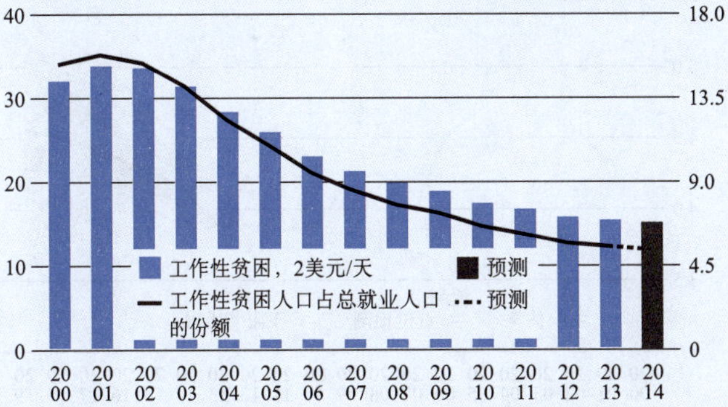

发展中中产阶级，4—13美元/天(百万)　　发展中中产阶级占总就业人口的份额(百分比)

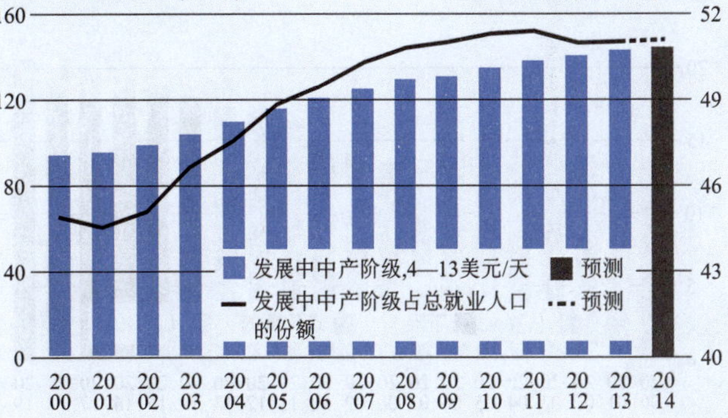

弱势就业人口(百万)　　弱势就业人口的份额(百分比)

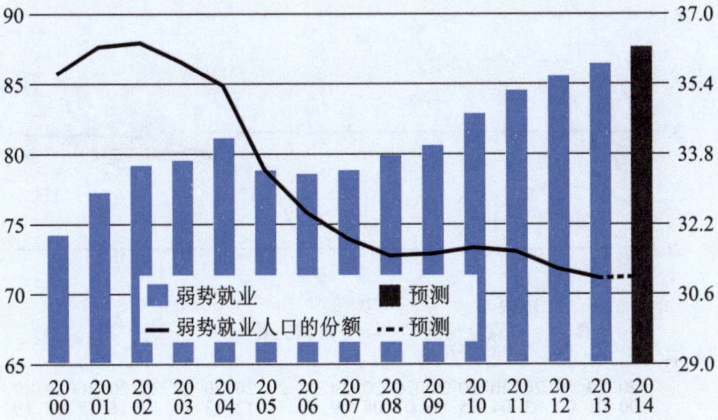

社会动荡(占所有事件的百分比)(百分比)

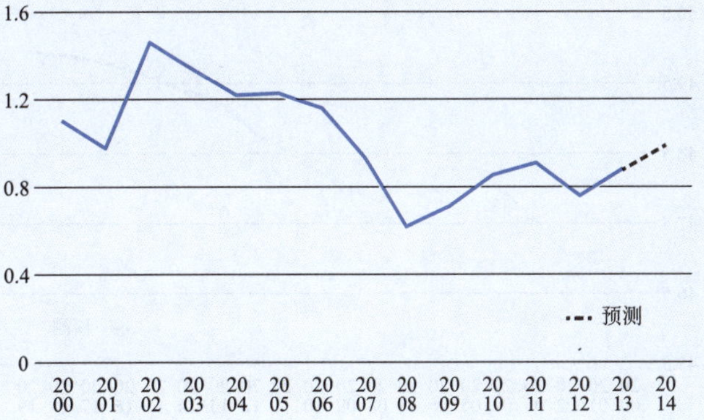

性别差异：男性和女性就业人口占总人口的比例的差异(百分点)

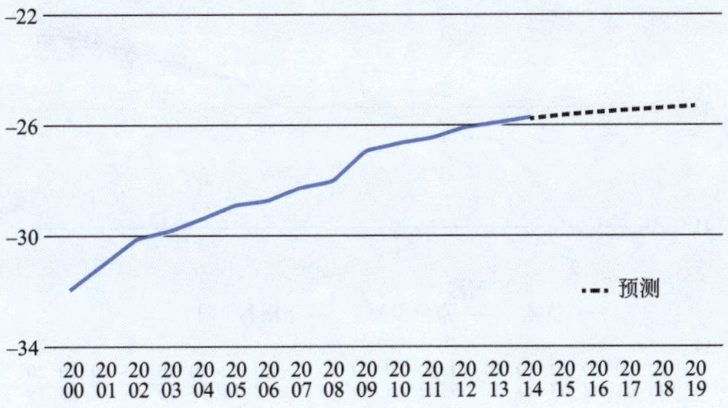

部门就业增长(百分比)

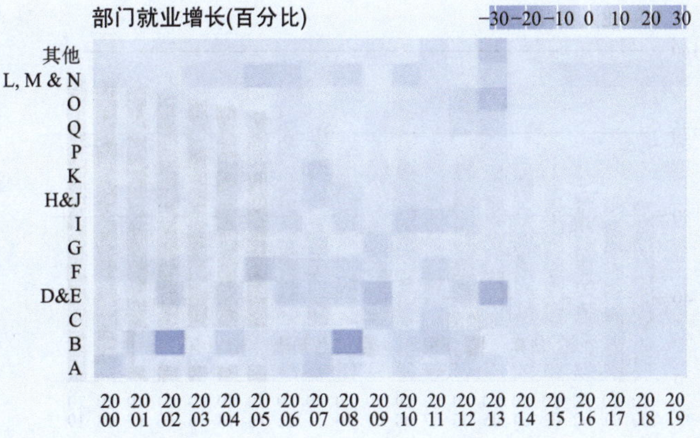

总失业人口(百万)

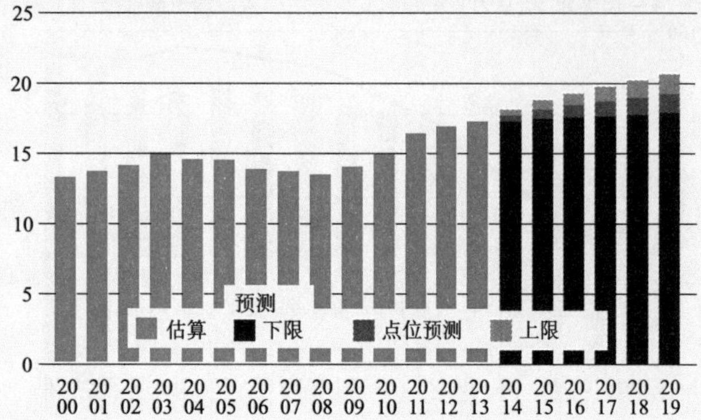

总失业率(百分比)

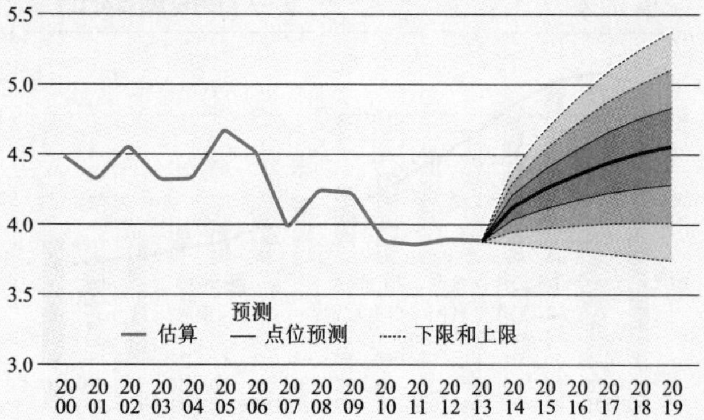

劳动力参与率(百分比)

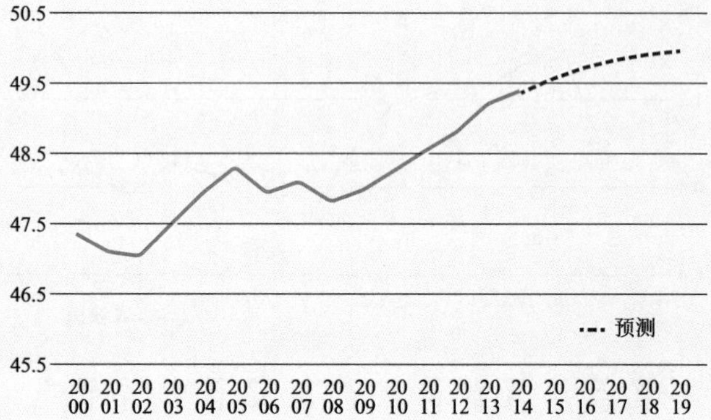

青年失业率(百分比)

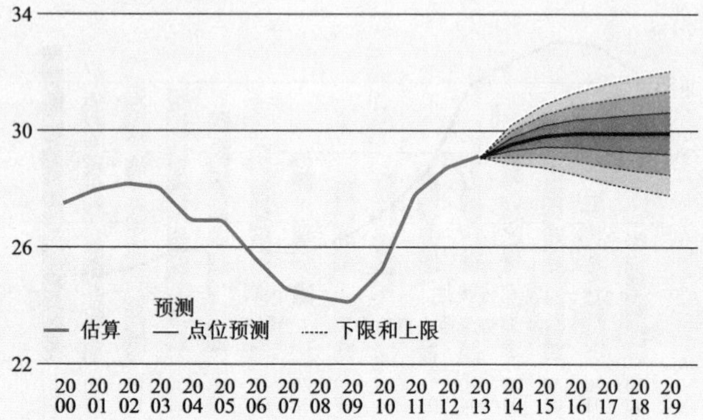

总就业人口(百万)

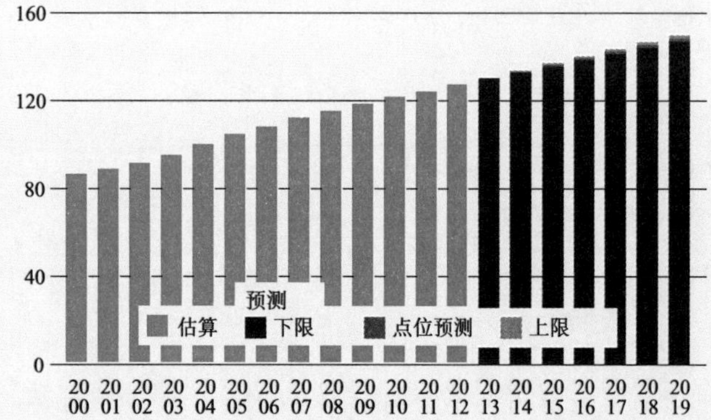

总就业人口占总人口的比例(百分比)

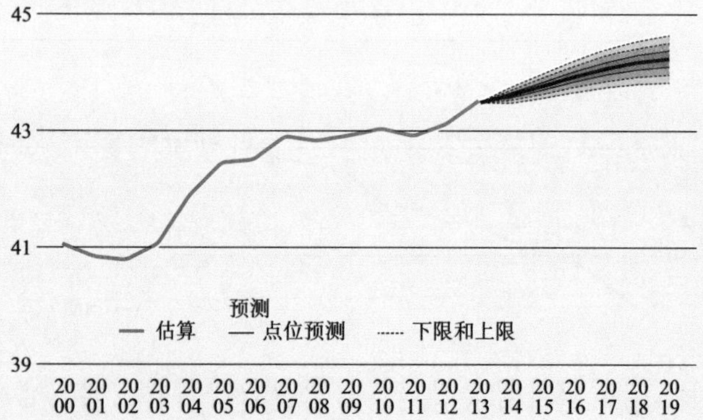

各职业就业率——任务类型(百分比)

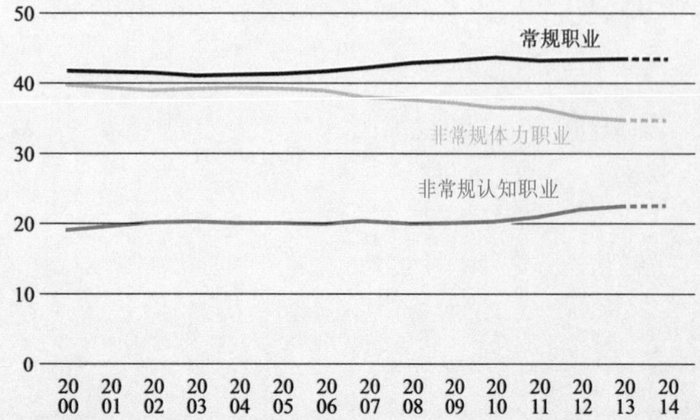

各职业就业率——技能水平(百分比)

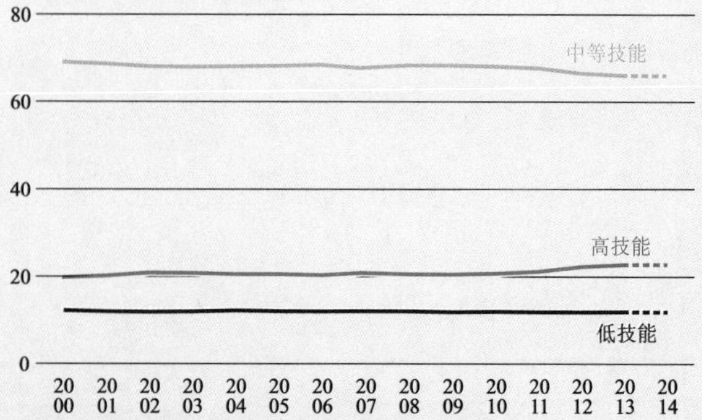

工作性贫困人口(百万)，2美元/天　　工作性贫困人口占总就业人口的份额(百分比)

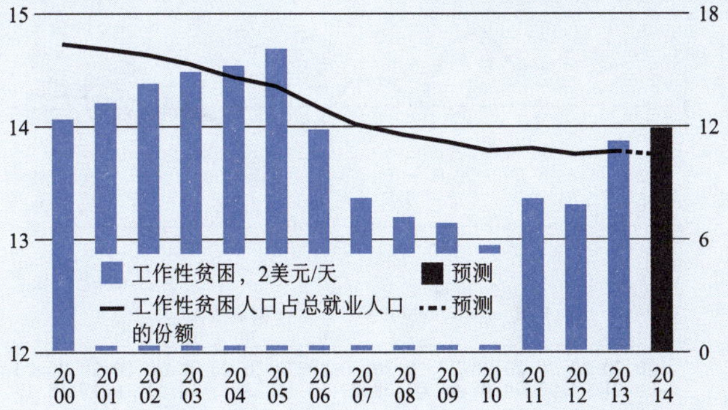

发展中中产阶级，4—13美元/天(百万)　　发展中中产阶级占总就业人口的份额(百分比)

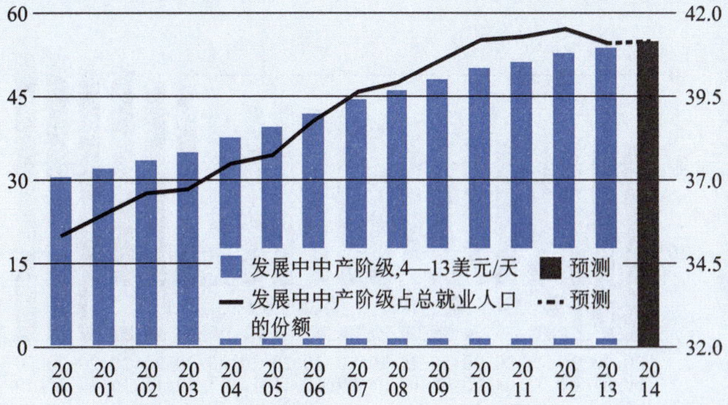

弱势就业人口(百万)　　弱势就业人口的份额(百分比)

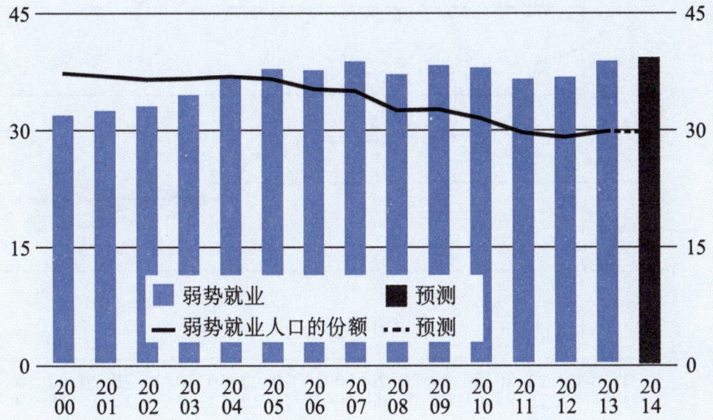

社会动荡(占所有事件的百分比)(百分比)

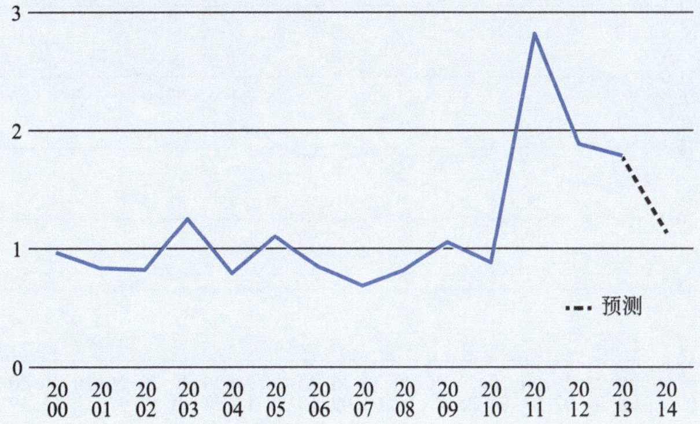

实际工资增长(百分比)

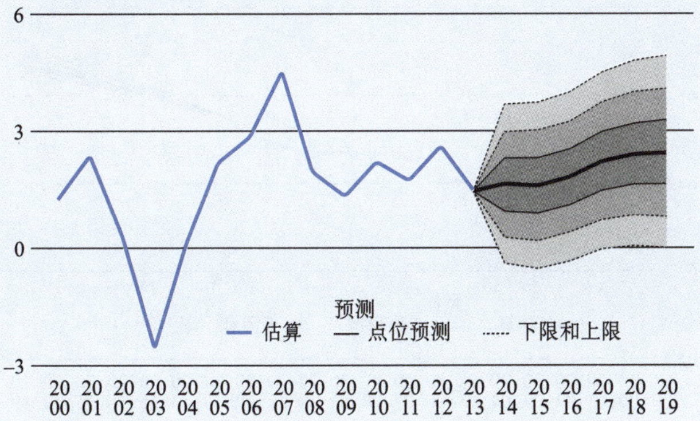

生产率增长(百分比)

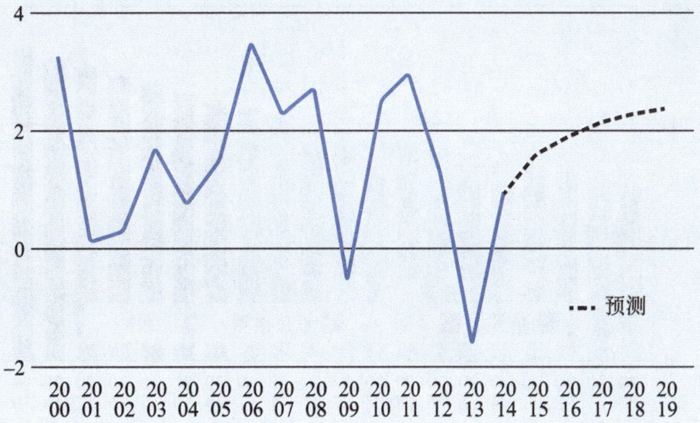

性别差异：男性和女性就业人口占总人口的比例的差异(百分点)

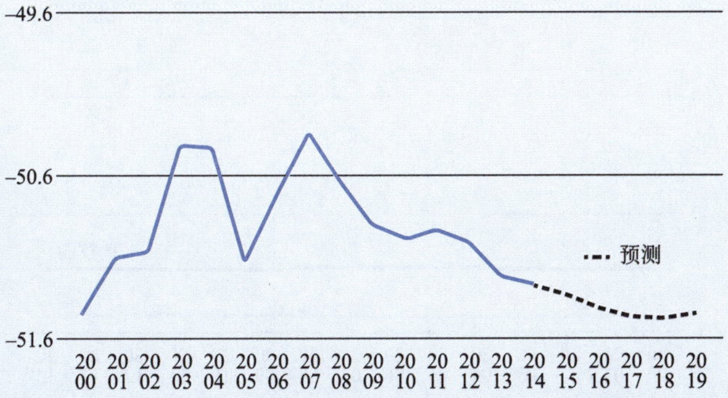

部门就业增长(百分比)

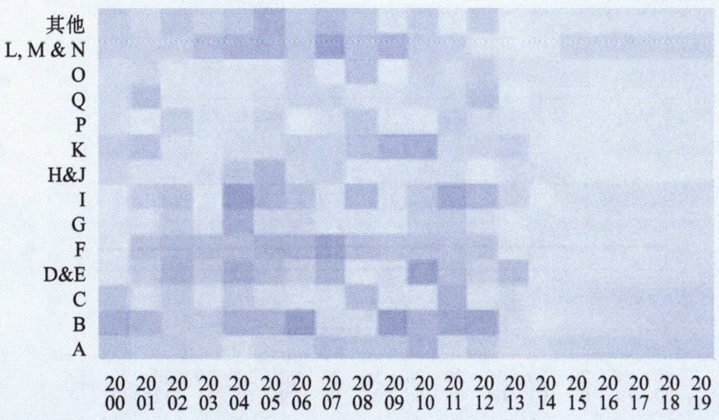

附录

1

全球和地区性数据

总失业人口(百万)

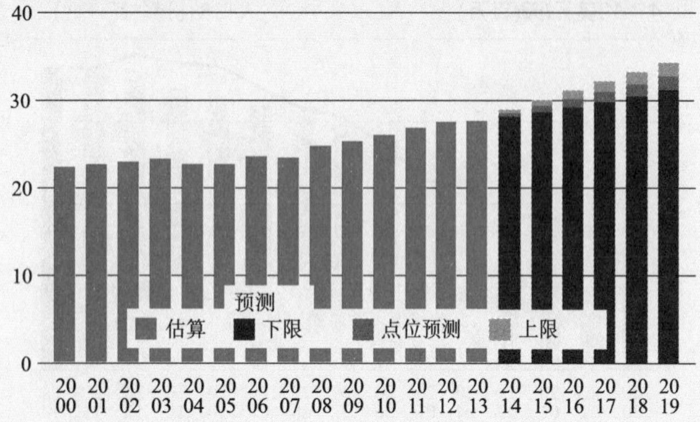

总失业率(百分比)

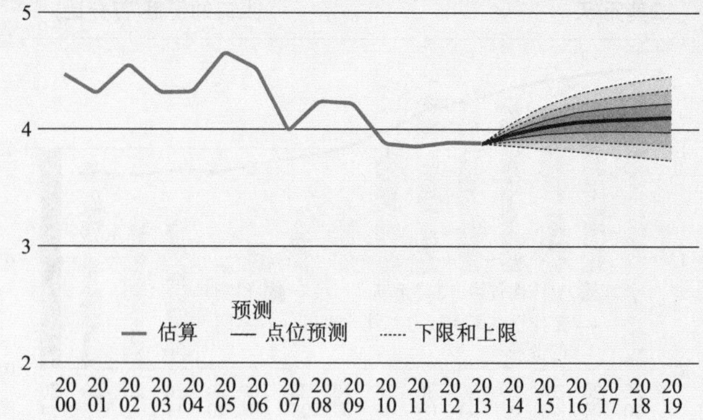

劳动力参与率(百分比)

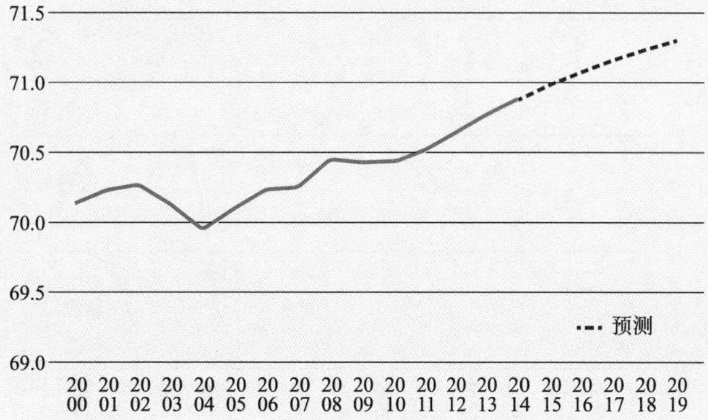

青年失业率(百分比)

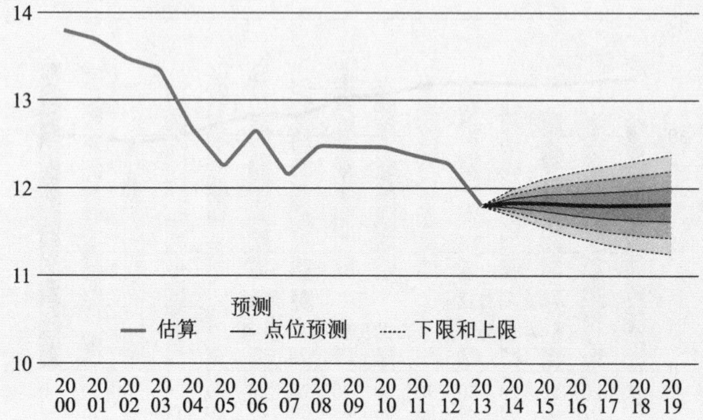

总就业人口(百万)

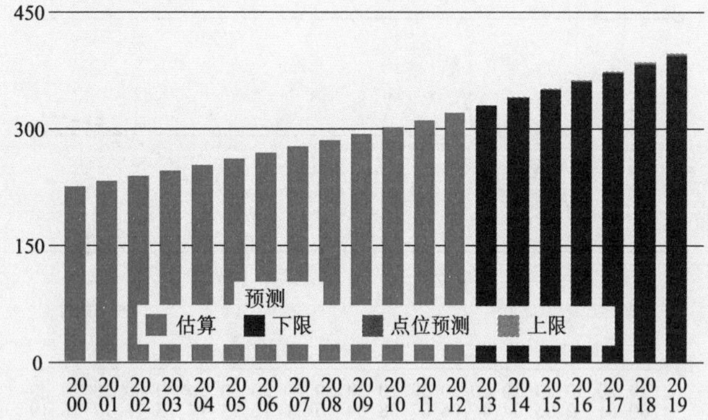

总就业人口占总人口的比例(百分比)

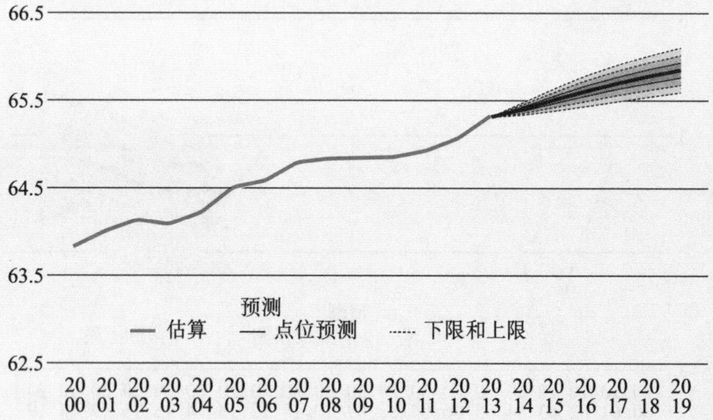

各职业就业率——任务类型(百分比)

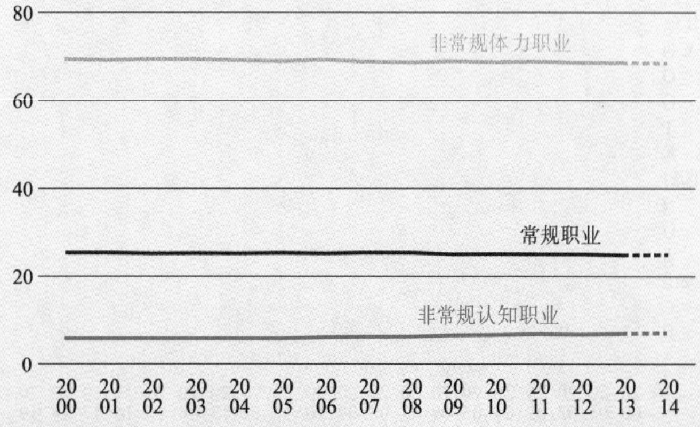

各职业就业率——技能水平(百分比)

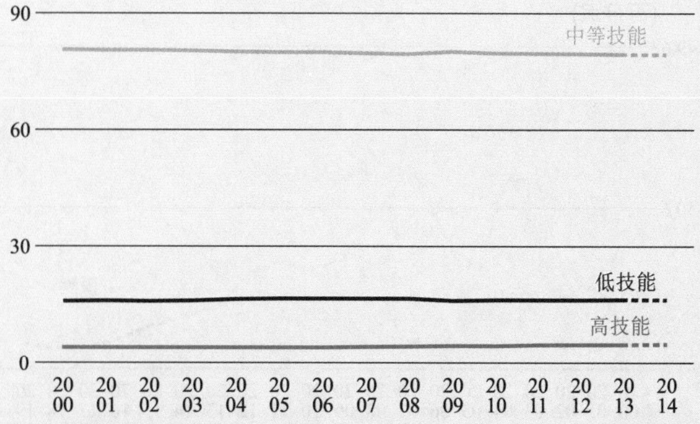

撒哈拉以南非洲

全球和地区性数据

工作性贫困人口(百万)，2美元/天　　工作性贫困人口占总就业人口的份额(百分比)

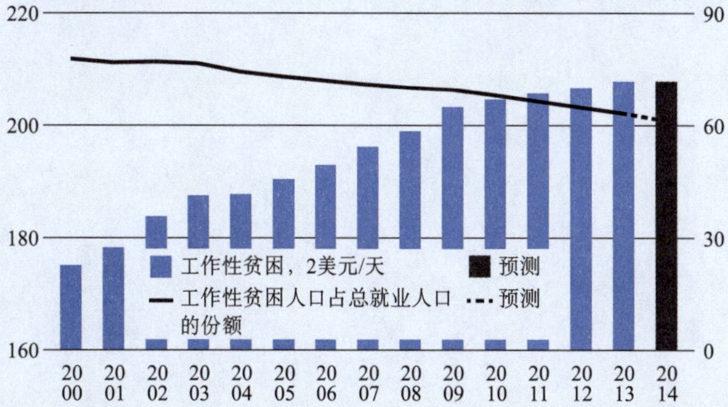

发展中中产阶级，4—13美元/天(百万)　　发展中中产阶级占总就业人口的份额(百分比)

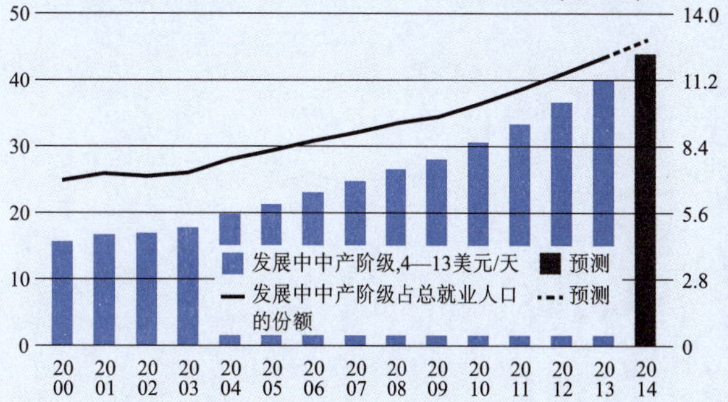

弱势就业人口(百万)　　弱势就业人口的份额(百分比)

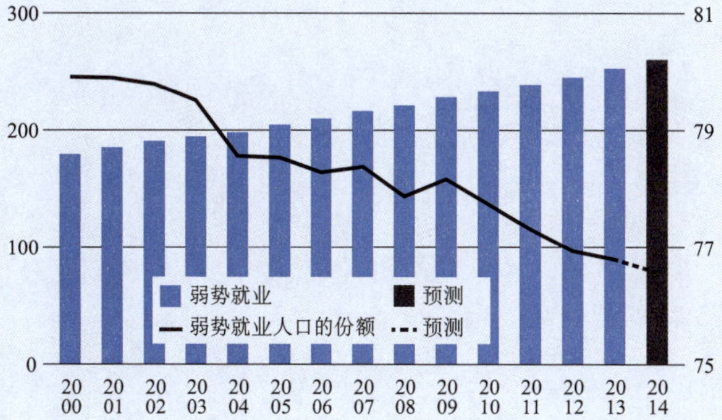

社会动荡(占所有事件的百分比)(百分比)

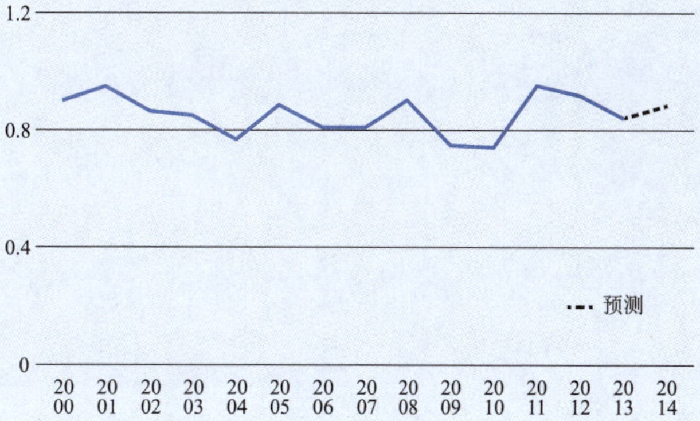

实际工资增长(百分比)

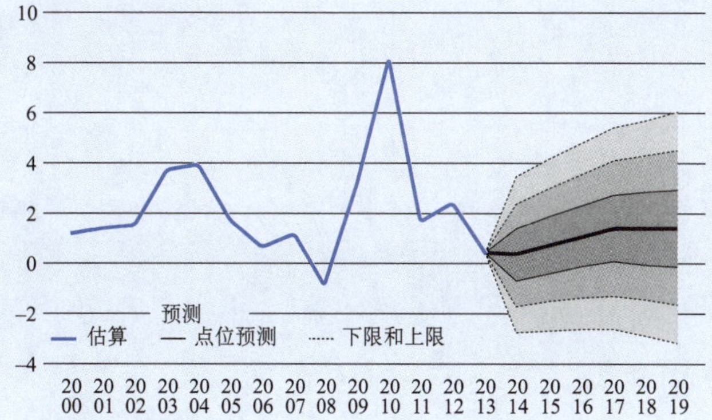

生产率增长(百分比)

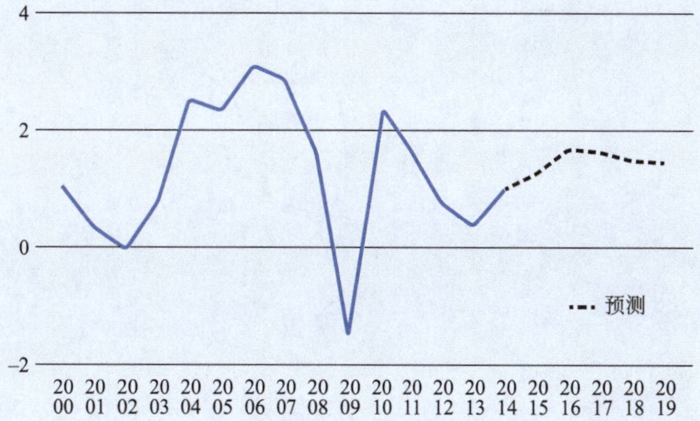

性别差异：男性和女性就业人口占总人口的比例的差异(百分点)

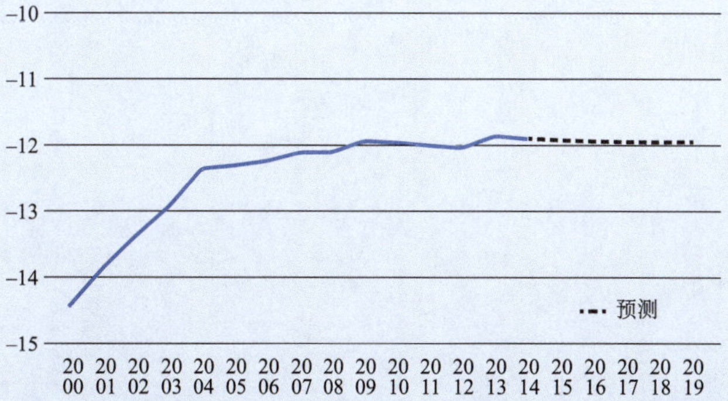

部门就业增长(百分比)

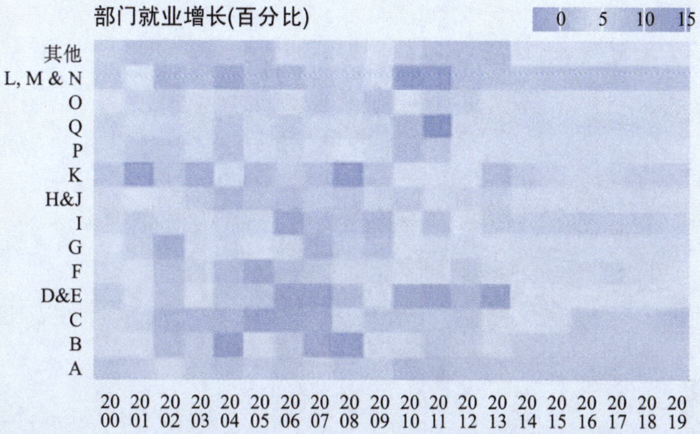

附录

2

对劳动力市场的估计和预测

在本报告中，所有的全球性和地区性劳动力市场估算数据均依据国际劳工组织《趋势计量经济学模型》（2014 年 10 月）。国际劳工组织研究部设计并积极地维护了此计量经济学模型，针对无法从某些国家报告中获取的数据，可利用此计量经济学模型生成按国家和年份划分的劳动力市场指标的估算数据。这些数据可确保国际劳工组织具有生成和分析劳动力市场关键指标的全球性和地区性估算数据及相关趋势的能力。

该“全球就业趋势模型”（GET 模型）用来生成失业率、就业率、就业状态和按部门划分的就业率等估算数据——如有需要，可按年龄和性别进行细分。该模型的输出值为 178 个国家的完整的数据矩阵。随后，可对国家层面的数据进行汇总，以生成劳动力市场指标的地区性和全球性估算数据，如失业率、就业人口占总人口的比例、就业份额和弱势就业情况。

在运行 GET 模型之前，研究部的劳动力市场信息专家与国际劳工组织的驻地办事处的专家共同努力，对现有的国家上报数据进行评估，并仅仅选择那些被认为在各个国家中具有足够同类比较作用的观测数据——其标准包括：（1）数据来源的类型；（2）地理覆盖范围；（3）年龄组覆盖范围。

- 对于第一项标准，为了将数据纳入模型中，必须借由劳动力人口调查或人口普查来获取上述数据。各个国家进行的劳动力人口调查通常十分相似，与从其他渠道获取的数据相比，从这些调查中获取的数据更具有可比性。因此，在选择过程中，往往优先考虑劳动力人口调查数据。然而，对于许多没有足够资源进行劳动力人口调查的发展中国家而言，根据人口普查来报告劳动力市场信息数据。因此，鉴于需要对数据可比性和数据覆盖范围的相互冲突的目标进行平衡，故而需在模型中加入一些从人口普查中所获取的数据。
- 第二项标准是指，仅采用具有国家代表性（即并非限于严格意义上的地理性）的劳动力市场指标。文中并未采用与纯粹城市或纯粹农村地区相对应的观测数据，因为农村和城市劳动力市场之间通常存在巨大的差异，如若仅采用农村数据或仅采用城市数据，都将出现与基准性文件——如国内生产总值——不一致的情况。
- 第三项标准是指，观测数据所覆盖的年龄群组必须具有针对各个国家的足够的可比性。各个国家在报告劳动力市场信息时通常针对各种年龄群组，因此，所选定的年龄群组可对某一给定劳动力市场指标的观测值产生影响。

除了各国所报告的劳动力市场信息之外，GET 模型还采用了下列基准性文件：

- 联合国《世界人口前景》（2012 年修订版）中的人口估算和预测。
- 国际劳工组织《经济活动人口估算和预测》中的劳动力估算和预测。
- 国际货币基金组织/世界银行从《世界发展指标》和《世界经济展望》（2014 年 10 月数据库）中所获取的国内生产总值数据（购买力平价、人均国内生产总值和国内生产总值增长率）。
- 世界银行基于 PovcalNet 数据库所进行的贫困估算的数据。

附录 2

对劳动力市场的估计和预测

对劳动力市场指标的估算

GET 模型可得出失业率的估算值，以填补缺乏国家报告数据的国家和年份的遗漏值。针对世界不同地区单独运行多元回归，在此过程中，按年龄和性别（青年男性、青年女性、成年男性、成年女性）细分的失业率针对国内生产总值增长率进行回归。回归中采用了加权法，以便纠正因报告失业率的国家与未报告失业率国家之间经常存在的差异性（在具有统计学意义方面）所造成的偏差。[1]2014 年，在《世界就业和社会展望》报告（2014 年 10 月）制作完成前，使用当时可用的季度和月度数据得出了初步估算值。

此模型还可依据当前状况对就业情况作出估计，使用相似技术填补国家层面的缺失值。除 GDP 增长率外，用作解释变量的变量为 GDP 三大部门的增值份额、人均 GDP 和城市地区居住人口份额。其他经济计量模型用于生成全球及地区不同经济阶层的工作性贫困和就业情况的估计数据（Kapsos and Boumpoula，2013）。

对劳动力市场指标的预测

通过考察 1991 年至 2005 年期间和相应的经济复苏期间，每一个国家在危机最深重/经济最低迷期，失业率和国内生产总值之间的历史关系，可以获得失业率的预测数据。[2] 要实现这一点，需要纳入国内生产总值固定效应面板回归的危机和复苏虚拟变量。[3] 具体而言，经过逻辑转换的失业率针对一组协变量进行了回归，其中包括滞后失业率、国内生产总值增长率、滞后国内生长总值增长率和一组由危机虚拟变量及经济复苏虚拟变量与每一个其他变量之间交互作用组成的协变量。

根据下列条件，对三种不同组别的国家进行单独的面板回归：

（1）地理毗邻和经济/制度相似性；

（2）收入水平；[4]

（3）出口依赖程度（依照出口占国内生产总值的百分比来衡量）。[5]

这些分组的理论基础如下。位于同一地理区域内的国家或具有类似经济/制度特征的国家，受到危机影响的程度也可能相类似，并且在减轻危机对其劳动力市场影响的过程

---

1 例如，假如采用了某一给定地区报告国失业率的简单平均数，以便估算那一地区的失业率，而且没有报告失业率的国家与报告国在失业率方面存在不同特征，则如果没有这样一种修正机制，那么所生成的地区性失业率估算数据将会有偏差。GET 模型中所采用的这种“加权最小二乘法”主要用于修正这种潜在性的问题。

2 危机时期包括从一个国家的国内生产总值增长遭受最大幅度的下降到危机之后国内生产总值到达最低水平的“拐点年”（随后开始上升到危机前的水平）之间的一段时间。经济复苏时期包括从“拐点年”到增长恢复到危机前水平那一年之间的时间间隔。

3 为了预测当前经济复苏时期的失业情况，根据下述定义对危机年份和经济复苏年份的虚拟变量进行了调整：假如一个国家在 2007 年之后的国内生产总值增长下滑幅度大于 1991 年至 2008 年期间国内生产总值增长标准差绝对值的 75%，且/或超过 3 个百分点，则认为该国“目前处于危机之中”。

4 依据各国 2008 年人均国民收入（使用图谱法计算得出），符合世界银行四种收入类别收入阶层分类的各收入阶层为：低收入国家，975 美元或更低；中低收入国家，976 美元—3855 美元；中高收入国家，3856 美元—11905 美元；高收入国家，11906 美元或更多。

5 出口依赖型组别为：最高出口型（出口额≥GDP 的 70%）；高出口型（出口额 < GDP 的 70%，但≥GDP 的 50%）；中等出口型（出口额 < GDP 的 50%，但≥GDP 的 20%）；低出口型（出口额 < GDP 的 20%）。

中，所采取的机制也相类似。由于处于同一地理区域的国家彼此间常常存在十分紧密的贸易和金融联系，因而危机可能在一个经济体产生溢出效应，从而波及其邻国（例如，加拿大经济和劳动力市场的局势与美国的局势具有密切的联系）。同样，具有相似收入水平的国家也可能有更加相似的劳动力市场制度（如社会保障措施）和实施财政刺激及其他政策，以应对危机影响的类似能力。最后，由于出口下降是危机从发达经济体传输至发展中经济体的主要渠道，因此根据受此渠道影响的程度，对各国进行分组。受此渠道影响的程度系根据其出口占国内生产总值的百分比来衡量。危机通过出口渠道对劳动力市场形成的影响还取决于出口的类型（受到影响的经济部门）、出口的国内附加值占比及国内消费的相对重要性（例如，相比新加坡和泰国等国，拥有巨大国内市场的印度和印度尼西亚等国受危机影响较小）。通过在回归中利用固定效应，将这些特征进行对照分析。

除了面板回归之外，还应针对具有足够数据的国家进行国家层面的回归。采用普通最小二乘法的国家层面的回归包含与面板回归一样的变量。为将所有国家国内生产总值前景的不确定性以及掌握国内生产总值和失业率间关系的复杂性纳入考虑范围，预测中共采用了 10 个（类似的）多层次混合效应线性回归模型（变截距和变系数模型）。这 10 种模型中主要部分的改变是独立变量的滞后结构。这些模型的潜在优势在于不仅面板结构实现了充分利用（如提升了自由度），还能够对每个单位（国家）的系数进行具体估计，对集群层面未观察到的异质性的考虑和随机效应方法的修正说明独立变量与随机效应项无关。

作为从三组面板回归、针对具有充足数据国家的回归和国家层面的回归中所获得估算值的简单平均数，得出最终的预测数据。其中，部分国家（178 个国家中的 44 个）依据判断检查得出了另一套预测组合的平均值，以便更加真实地表现每个国家的经济预测中观测到的近期趋势。

短期预测模型

对七国集团国家来说，2014 年失业人口初步估算及 2015 年失业人口预测均以各国短期预测模型得出的结果为依据。国际劳工组织依据失业的持续时间作出估算，并采用 Shimer（2012）和 Elsby 等人（2013）提出的方法，持续更新每月和每季度失业流动数据库，其中包含失业人口的流入率和流出率信息。指定七个不同的模型，这些模型可直接预测失业率或同时预测流入率和流出率，采用 ARIMA、VAR、VARX 和组合预测技术进行预测。这些模型依赖于若干解释变量，包括招聘不确定性（Ernst and Viegelahn，2014）、政策不确定性（Baker et al.，2013）和国内生产总值增长。对于最终预测结果，以伪样本分析得出的结果为依据，为每个国家选择其中一个模型的预测结果。

附录 3

职业及部门就业的估算值和预测值

除其他劳动力市场指标外，本报告还提供了详细的部门和职业就业份额，包括总份额和男女份额的新估算值和预测值。用于计算部门与职业就业份额的主要数据库是最新的国际劳工组织《劳动力市场关键指标》（第 8 版）。[1]《劳动力市场关键指标》是一个涵盖内容广泛的大型数据库，内含从 1980 年到最近有效年份期间约 226 个国家的 18 个劳动力市场指标。部门就业体现了各经济活动部门中就业人口的分布情况。职业就业是一种尝试将就业人口分为不同组群的指标，划分的依据是这些就业人口工作任务的相似性和以多个层级确立的分级职责。其他数据的主要来源是 ILOSTAT、国际劳工组织短期指标（STI）。印度采用了基于全国抽样调查组织（NSSO）印度就业和失业情况调查数据的附表。以孟加拉国最新劳动力调查为基础的数据也被纳入考虑范围。

选择职业组群的目的是为了代表所需教育水平和所需技能类型要求的广泛的技能水平。基于国际教育标准分类（ISCED）：小学、中学及高等教育水平，依据所需的广泛的受教育程度选出了广泛的职业类别（技能）。按照 Jaimovich 和 Siu（2012）以及 Autor 等人（2003）的方法定义了广泛的职业类别（常规）。

为得出估计值和预测值，从联合国统计司—国民账户体系—国民核算主要总量（UNSD SNAAMA）数据库提取了国内生产总值中的部门增值份额数据。经济学人信息库（EIU）数据库用于为上述来源数据提供补充，同时辅助预测各部门增值份额。只有一个地区（即中国台湾）采用了来自 EIU 的所有数据系列，因为世界银行《世界发展指标》和 UNSD SNAAMA 都未纳入该地区的数据。此模型中使用的人口统计变量来自联合国《世界人口展望》（UN WPP）、联合国《世界城市化展望》（UN WUP）和国际劳工组织经济活动人口估算和预测（ILO EAPEP）。

解释变量的其他数据来源为国际货币基金组织《世界经济展望》数据库和世界银行《世界发展指标》数据库。单个变量使用国际货币基金组织国际金融统计数据。纳入考虑范围的解释变量包括：人均国内生产总值、每位劳动者的产出、投资、产品出口量、产品进口量、一般政府最终消费支出、资本形成总额、服务贸易、实际有效汇率指数、部门增加值、年龄在 30—64 岁之间的男女劳动力比例、城市人口占总人口的份额、15 岁以下人口占总人口的份额，15 岁以下人口和 65 岁以上人口占总人口的份额、受雇工作者占总就业人口的份额。

估算值和预测值通过如下三个步骤得出：（1）通过一组潜在解释变量的不同组合运行回归模型；（2）选择拟合优度最佳的标准；（3）依据这些标准执行引导程序，并依据此程序计算每个地理区域和每种就业类别（即部门和各种职业）的均方根误差（RSME）。此时，均方根误差的计算不仅用于应用这些标准，还可用于所有选定标准的平均值预测以及三个最佳表现国和五个最佳表现国的平均值。然后，选择均方根误差最低的标准用于每个部门或职业及每个地区的最终估算。

最后，对估算数据作出部分调整，以确保各类别份额总数等于 100，在特定部门或职业类别中工作的男女人口总数等于男女人口的估算数量。

1 《劳动力市场关键指标》第 8 版网址：www. ilo. org/kilm。

附录

4

实际工资增长的估算值和预测值

本报告包含1999—2019年间地区工资估算值和预测值，其构建以一组大型经济计量模型为基础，此模型利用了工资和不同的宏观经济和劳动力市场变量之间的关系。基础工资数据来自国际劳工组织1999—2013年《全球工资》数据库[1]和1995—1998年《劳动力市场关键指标》第8版。解释变量数据来自国际货币基金组织《世界经济展望》（2014年10月）和国际劳工组织的《趋势经济计量模型》（2014年10月）。地区估算值和预测值涵盖107个国家1995—2013年间的数据。

各指定模型使用了面板估算方法，并且这些模型在不同维度上各不相同：

- 估算方法；
- 工资作为因变量输入模型的形式（实际工资的增长，实际工资和生产率增长间的差异或实际工资的对数）；
- 一组解释变量；
- 不同国家的分组方式。

这些模型将多个解释变量纳入考虑范围，如投资、劳动生产率、保留工资代替物、部门和职业就业份额及人口统计变量，并将（可能）与实际工资趋势相关的各种因素考虑在内。此外，依据变量在经济周期中的地位，部分标准还将工资与这些变量的关系可以改变这一事实纳入考量。回归模型按整个面板数据集和不同国家分组运行。国家分组的依据是最低工资法、最低工资设定机制、地理毗邻、不同时期的失业率分布及变化的差异。

总计有1000多个模型可供测试。在第一步中，依据模型的预先选择，排除了解释功效最小的模型，此数字减少到约600个。在第二个步骤中进行了详细分析，此分析可对不同工资预测的伪样本表现进行评估，得出不同模型的国别表现排名。每个国家的最终预测值与排名前10的最佳表现模型生成的预测值的样本均值相对应。地区平均工资增长的计算遵循《全球工资报告》（ILO，2014b）中使用的方法，考虑到了每个国家在总地域工资账单中的权重。

地区工资增长总量数据覆盖本报告所含178个国家中的107个国家（参见附录5；ILO，2014b）。地区工资增长数据涉及下列国家：阿尔巴尼亚、阿尔及利亚、亚美尼亚、澳大利亚、奥地利、阿塞拜疆、巴林、孟加拉国、白俄罗斯、比利时、玻利维亚、博茨瓦纳、巴西、保加利亚、布隆迪、柬埔寨、加拿大、乍得、智利、中国、哥伦比亚、刚果、哥斯达黎加、塞浦路斯、丹麦、多米尼加共和国、厄瓜多尔、埃及、萨尔瓦多、埃塞俄比亚、斐济、芬兰、法国、德国、希腊、危地马拉、圭亚那、洪都拉斯、中国香港、匈牙利、冰岛、印度、印度尼西亚、伊朗、爱尔兰、以色列、意大利、牙买加、日本、约旦、哈萨克斯坦、肯尼亚、韩国、科威特、吉尔吉斯斯坦、拉脱维亚、黎巴嫩、莱索托、卢森堡、马达加斯加、马拉维、马来西亚、毛里求斯、墨西哥、摩尔多瓦、蒙古、摩洛哥、莫桑比克、尼泊尔、荷兰、新西兰、尼加拉瓜、挪威、阿曼、巴基斯坦、巴拿马、巴拉圭、秘鲁、菲律宾、波兰、葡萄牙、卡塔尔、罗马尼亚、俄罗斯、沙特阿拉伯、塞内加尔、新加坡、斯洛文尼亚、南非、西班牙、斯里兰卡、瑞典、瑞士、中国台湾、塔吉克斯坦、坦桑尼亚、泰国、突尼斯、土耳其、乌干达、乌克兰、阿联酋、英国、美国、乌拉圭、委内瑞拉、越南。

参见Ernst等人的研究成果（即将出版），了解此方法详情。

1 登录http：//www.ilo.org/ilostat/GWR访问此数据库。

附录

5

地区组别

发达经济体和欧盟

欧盟[*]
奥地利
比利时
保加利亚
克罗地亚
塞浦路斯
捷克
丹麦
爱沙尼亚
芬兰
法国
德国
希腊
匈牙利
爱尔兰
意大利
拉脱维亚
立陶宛
卢森堡
马耳他
荷兰
波兰
葡萄牙
罗马尼亚
斯洛伐克
斯洛文尼亚
西班牙
瑞典
英国

北美洲
加拿大
美国

其他发达经济体
澳大利亚
以色列
日本
新西兰

西欧（非欧盟）
冰岛
挪威
瑞士

中欧和东南欧（非欧盟）及独联体

中欧和东南欧
阿尔巴尼亚
波黑
黑山
塞尔维亚
前南马其顿
土耳其

独联体
亚美尼亚
阿塞拜疆
白俄罗斯
格鲁吉亚
哈萨克斯坦
吉尔吉斯斯坦
摩尔多瓦
俄罗斯
塔吉克斯坦
土库曼斯坦
乌克兰
乌兹别克斯坦

南亚

阿富汗
孟加拉国
不丹
印度
马尔代夫
尼泊尔
巴基斯坦
斯里兰卡

东南亚和太平洋地区

东南亚
文莱
柬埔寨
印度尼西亚
老挝
马来西亚
缅甸
菲律宾
新加坡
泰国
东帝汶
越南

太平洋岛屿

斐济
巴布亚新几内亚
所罗门群岛

东亚
中国
中国香港
朝鲜
韩国
中国澳门
蒙古
中国台湾

拉丁美洲和加勒比地区

加勒比地区
巴哈马
巴巴多斯
古巴
多米尼加共和国
瓜德罗普
圭亚那
海地
牙买加
马提尼克
波多黎各
苏里南
特立尼达和多巴哥

中美洲
伯利兹
哥斯达黎加
萨尔瓦多
危地马拉
洪都拉斯
墨西哥
尼加拉瓜
巴拿马

南美洲
阿根廷
玻利维亚
巴西
智利
哥伦比亚
厄瓜多尔
巴拉圭
秘鲁
乌拉圭
委内瑞拉

中东

巴林
伊朗
伊拉克
约旦
科威特
黎巴嫩
阿曼
卡塔尔
沙特阿拉伯
叙利亚
阿联酋
巴勒斯坦被占领土
也门

北非

阿尔及利亚
埃及
利比亚
摩洛哥
苏丹
突尼斯

撒哈拉以南非洲

东非
布隆迪
科摩罗
厄立特里亚
埃塞俄比亚
肯尼亚
马达加斯加
马拉维
毛里求斯
莫桑比克
留尼汪
卢旺达
索马里
坦桑尼亚
乌干达
赞比亚
津巴布韦

中非
安哥拉
喀麦隆
中非共和国
乍得
刚果
刚果民主共和国
赤道几内亚
加蓬

南非
博茨瓦那
莱索托
纳米比亚
南非
斯威士兰

西非
贝宁
布基纳法索
佛得角
科特迪瓦
冈比亚
加纳
几内亚
几内亚比绍
利比里亚
马里
毛里塔尼亚
尼日尔
尼日利亚
塞内加尔
塞拉利昂
多哥

参考文献

African Development Bank Group. 2012. *Income inequality in Africa,* Briefing Note 5, briefing notes for AfDB's long-term strategy.

Ahuja, A.; Nabar, M. 2012. *Investment-led growth in China: Global spillovers*, IMF Working Paper No. 12/267 (Washington, DC, International Monetary Fund).

Aiyar, S.; Duval, R.; Puy, D.; Wu, Y.; Zhang, L. 2013. *Growth slowdowns and the middle-income trap*, IMF Working Paper No. 13/71 (Washington, DC, International Monetary Fund).

Alesina, A.; Perotti, R. 1996. "Income distribution, political instability, and investment", in *European Economic Review*, Vol. 40, No. 6, pp. 1203–1228.

Alvaredo, F.; Gasparini, L. 2013. *Recent trends in inequality and poverty in developing countries*, Working Paper No. 151, Center for Distributive, Labor and Social Studies (Universidad Nacional de la Plata, La Planta).

Angel-Urdinola, D.F.; Tanabe, K. 2012. *Micro-determinants of informal employment in the Middle East and North Africa region*, Social Protection Discussion Paper No. 1201 (Washington, DC, World Bank).

Asian Development Bank (ADB). 2014. *Asian Development Outlook 2014 Update: Asia in global value chains* (Mandaluyong City).

Autor, D.H. 2010. *The polarization of job opportunities in the U.S. labor market: implications for employment and earnings* (Washington, DC, The Center for American Progress and The Hamilton Project).

—; Levy, F.; Murnane, R. 2003. "The skill content of recent technological change: An empirical exploration", in *Quarterly Journal of Economics*, Vol. 118, No. 4, pp. 1279–1333.

Baker, S.; Bloom, N.; Davis, S. 2013. *Measuring economic policy uncertainty.* Available at: www.policyuncertainty.com/media/BakerBloomDavis.pdf [10 Jan. 2015].

Ball, L.; Leigh, D.; Loungani, P. 2013. *Okun's Law: Fit at 50?*, IMF Working Paper, No. 13/10 (Washington, DC, International Monetary Fund).

Banco Bilbao Vizcaya Argentaria (BBVA). 2014. *Country Risk Quarterly Report, September 2014* (Madrid). Available at: https://www.bbvaresearch.com/en/publicaciones/country-risk-third-quarter-2014/ [7 Jan. 2015].

Bassi, M.; Busso, M.; Urzúa, S.; Vargas, J. 2012. *Disconnected: Skills, education and employment in Latin America* (Washington, DC, Inter-American Development Bank).

Berg, A.; Ostry, J. 2011. *Inequality and unsustainable growth: Two sides of the same coin?,* IMF Staff Discussion Note No. 11/08 (Washington, DC, International Monetary Fund).

Bivens, J. 2008. *Everybody wins, except for most of us: What economics teaches about globalization* (Washington, DC, Economic Policy Institute).

Brynjolfsson, E.; McAfee, A. 2014. *The second machine age: Work, progress, and prosperity in a time of brilliant technologies* (New York, W.W. Norton & Company).

Buckley, C. 2014. "China moves to ease home-registration rules in urbanization push", in *The New York Times*, 30 July.

Bureau of Labor Statistics (BLS). 2013. *Occupational Employment Statistics Survey 2013* (Washington, DC, United States Department of Labor). Available at: http://www.bls.gov/oes/current/oes_tec.htm [11 Jan. 2015].

Cingano, F. 2014. *Trends in income inequality and its impact on economic growth,* OECD Social, Employment and Migration Working Paper No. 163 (Paris, Organisation for Economic Co-operation and Development).

The Conference Board. 2014. *From not enough jobs to not enough workers*. Research Report, R-1558-14-RR (New York, NY).

Davis, S.J.; Haltiwanger, J. 2014. *Labor market fluidity and economic performance*, paper prepared for the Federal Reserve Bank of Kansas City's economic policy symposium on Re-Evaluating Labor Market Dynamics, Jackson Hole (WY), 21–23 Aug. Available at: http://www.kc.frb.org/publicat/sympos/2014/083014-1.pdf [7 Jan. 2015].

Economic and Social Commission for Western Asia (ESCWA). 2014. *Sustainable development goals... An Arab regional perspective*, discussion paper prepared by the ESCWA and presented at the Arab High Level Forum on Sustainable Development, Amman, 2–4 Apr.

—; League of Arab States. 2013. *Arab Millennium Development Goals report: Facing challenges and looking beyond 2015* (Beirut, ESCWA).

Economic Commission for Latin America and the Caribbean (ECLAC); International Labour Organization (ILO). 2014. *The employment situation in Latin America and the Caribbean: Conditional transfer programmes and the labour market,* No. 10, May (Santiago, Chile).

Eichengreen, B.; Park, D.; Shin, K. 2013. *Growth slowdowns redux: New evidence on the middle-income trap*, NBER Working Paper No. 18673 (Cambridge, MA, National Bureau of Economic Research).

—; —; —. 2012. "When fast growing economies slow down: International evidence and implications for China", in *Asian Economic Papers*, Vol. 11, pp. 42–87.

Elsby, M.; Hobijn, B.; Sahin, A. 2013. "Unemployment dynamics in the OECD", in *Review of Economics and Statistics*, Vol. 95, No. 2, pp. 530–548.

Ernst, E.; Viegelahn, C. 2014. *Hiring uncertainty: A new labour market indicator* (ILO, Geneva). Available at: http://www.policyuncertainty.com/media/HiringUncertainty.pdf [7 Jan. 2015].

—; —; Narasimhan, V.; Duda, M. Forthcoming. *Estimating and projecting global wage growth*. ILO Research Department Working Paper (Geneva, ILO).

European Commission (EC); International Labour Organization (ILO). 2014. *Crisis responses, competitiveness and jobs*, ILO Research Department (Geneva).

Eurostat. 2010. *Structure of Earnings Survey 2010*. Available at: http://ec.europa.eu/eurostat/cache/metadata/en/earn_ses2010_esms.htm [11 Jan. 2015].

Export-Import Bank of India (EXIM). 2013. *West Africa: A study of India's trade and investment potential*, Research Brief No. 72 (Mumbai). Available at: http://www.eximbankindia.in/sites/default/files/ind-eco.pdf [11 Jan. 2015].

Felipe, J.; Mehta, A.; Rhee, C. 2014. *Manufacturing matters... but it's the jobs that count*, ADB Economics Working Paper Series No. 420 (Manila, Asian Development Bank).

Galor, O.; Zeira, J. 1993. "Income distribution and macroeconomics", in *The Review of Economic Studies,* Vol. 60, No. 1, pp. 35–52.

Ghani, E.; O'Connell, S.D. 2014. *Can service be a growth escalator in low income countries?*, Policy Research Working Paper No. 6971 (Washington, DC, World Bank).

Göbel, C.; Zwick, T. Forthcoming. "Which personnel measures are effective in increasing productivity of old workers?" in *Labour Economics*.

Goos, M.; Manning, A. 2007. "Lousy and lovely jobs: The rising polarization of work in Britain", in *The Review of Economics and Statistics*, Vol. 89, No. 1, pp. 118–133.

Gordo, L.; Skirbekk, V. 2013. "Skill demand and the comparative advantage of age: Jobs tasks and earnings from the 1980s to the 2000s in Germany", in *Labour Economics*, Vol. 22, pp. 61–69.

Hausman, R.; Pritchett, L.; Rodrik, D. 2005. "Growth accelerations", in *Journal of Economic Growth*, Vol. 10, No. 4, pp. 303–329.

International Institute for Labour Studies (IILS). 2013. *World of Work Report 2013: Repairing the economic and social fabric* (Geneva, ILO).

International Labour Organization (ILO). 2012. *Statistical update on employment in the informal economy* (Geneva). Available at: http://laborsta.ilo.org/applv8/data/INFORMAL_ECONOMY/2012-06-Statistical%20update%20-%20v2.pdf [7 Jan. 2015].

—. 2013a. *Key Indicators of the Labour Market (KILM)*, 8th edition (Geneva).

—. 2013b. *2013 Labour Overview: Latin America and the Caribbean* (Lima, ILO Regional Office).

—. 2013c. *Asia-Pacific Labour Market Update*, Dec. (Bangkok, ILO Regional Office).

—. 2013d. *Global Employment Trends 2013: Recovering from a second jobs dip* (Geneva).

—. 2014a. *Global Employment Trends 2014: Risk of a jobless recovery?* (Geneva).

—. 2014b. *Global Wage Report 2014/15: Wages and income inequality* (Geneva).

—. 2014c. *Greece: Productive jobs,* Studies on growth with equity, Research Department (Geneva).

—. 2014d. *Spain: Growth with jobs,* Studies on growth with equity, Research Department (Geneva).

—. 2014e. *Twenty-first century challenges for the Americas: Full and productive employment and decent work,* Report of the Director-General for the 18th American Regional Meeting, Lima, Peru, 13–16 Oct. (Geneva).

—. 2014f. *Thematic labour overview. Transition to formality in Latin America and the Caribbean* (Lima, ILO Regional Office).

—. 2014g. *Panorama Laboral 2014* (Lima, ILO Regional Office).

—. 2014h. *Thailand Labour Market Update,* Mar. (Bangkok, ILO Country Office for Thailand, Cambodia and Lao People's Democratic Republic). Available at: http://www.ilo.org/wcmsp5/groups/public/---asia/---ro-bangkok/---sro-bangkok/documents/publication/wcms_240328.pdf [11 Jan. 2015].

—. 2014i. *Samoa Labour Market Update,* Aug. (Suva, ILO Office for Pacific Island Countries).

—. 2014j. *Assessment of the impact of Syrian refugees in Lebanon and their employment profile* (Beirut, ILO Regional Office).

—. 2014k. *The impact of the Syrian refugee crisis on the labour market in Jordan: A preliminary analysis* (Beirut, ILO Regional Office).

—. 2014l. *World of Work Report 2014: Developing with jobs* (Geneva).

—. 2014m. *World Social Protection Report 2014/15: Building economic recovery, inclusive development and social justice* (Geneva).

—. Forthcoming. *Latin America: Effectiveness of ALMPs* Studies on growth with equity (Geneva).

—; Asian Development Bank (ADB). 2014. *ASEAN Community 2015: Managing integration for better jobs and shared prosperity* (Bangkok).

—; United Nations Development Programme (UNDP). 2012. *Rethinking economic growth: Towards productive and inclusive Arab societies* (Beirut, ILO Regional Office).

International Monetary Fund (IMF). 2014a. *People's Republic of China,* IMF Country Report No. 14/235 (Washington, DC). Available at: http://www.imf.org/external/pubs/ft/scr/2014/cr14235.pdf [11 Jan. 2015].

—. 2014b. *Regional Economic Outlook: Asia and the Pacific,* Oct. (Washington, DC).

—. 2014c. *Regional Economic Outlook: Middle East and Central Asia,* Oct. (Washington, DC).

—. 2014d. *World Economic Outlook: Legacies, clouds, uncertainties,* Oct. (Washington, DC).

Jaimovich, N.; Siu, H. 2012. *The trend is the cycle: Job polarization and jobless recoveries,* NBER Working Paper No. 18334 (Cambridge, MA, National Bureau of Economic Research).

Kapsos, S.; Bourmpoula, V. 2013. *Employment and economic class in the developing world,* ILO Research Paper, No. 6 (Geneva, ILO). Available at: http://www.ilo.org/wcmsp5/groups/public/---dgreports/---inst/documents/publication/wcms_216451.pdf [7 Jan. 2015].

—; Silberman, A.; Bourmpoula, E. 2014. *Why is female labour force declining so sharply in India?,* ILO Research Paper No. 10 (Geneva).

Kumhof, M.; Rancière, R. 2010. *Inequality, leverage and crises.* IMF Working Paper No. 10/268 (Washington, DC, International Monetary Fund).

Lustig, N.; Lopez-Calva, L.F.; Ortiz-Juarez, E. 2013. *Deconstructing the decline in inequality in Latin America,* Policy Research Working Paper Series No. 6552 (Washington, DC, World Bank).

ManpowerGroup. 2013. *2013 Talent Shortage Survey: Research Results* (Milwaukee, WI).

Mayer, G. 2014. *The trend in long-term unemployment and characteristics of workers unemployed for two years or more* (Washington, DC, Congressional Research Service).

Michaels, G.; Natraj, A.; Van Reenen, J. 2010. "Has ICT polarized skill demand? Evidence from eleven countries over twenty-five years", in *The Review of Economics and Statistics,* Vol. 96, No. 1, pp. 60–77.

Mishel, L.; Bivens, J.; Gould, E.; Shierholz, H. 2012. *The State of Working America, 12th edition* (Ithaca, NY, ILR Press of Cornell University Press).

—; Schmitt, J.; Shierholz, H. 2014. "Wage inequality: A story of policy choices", in *New Labor Forum,* pp. 1–6.

National Bureau of Statistics of China (NBS). 2014. *Statistical communiqué of the People's Republic of China on the 2013 national economic and social development.*

—. 2014. *China Statistical Abstract, 2014* (Beijing).

Organisation for Economic Co-operation and Development (OECD). 2012. *OECD Employment Outlook 2012* (Paris).

Ostry, J.; Berg, A.; Tsangarides, C. 2014. *Redistribution, inequality, and growth,* IMF Staff Discussion Note 14/02 (Washington, DC, International Monetary Fund).

Perova, E.; Vakis, R. 2009. *Welfare impacts of the "Juntos" program in Peru: Evidence from a non-experimental evaluation* (Washington, DC, World Bank).

—; —. 2011. *Más tiempo en el programa, mejores resultados: duración e impactos del programa JUNTOS en el Perú* (Washington, DC, World Bank).

Rajan, R. 2010. *Fault lines: How hidden fractures still threaten the world economy* (Princeton, NJ, Princeton University Press).

Rodrik, D. 2013. *The perils of premature deindustrialization*, Project Syndicate, 11 Oct. Available at: http://www.project-syndicate.org/commentary/dani-rodrikdeveloping-economies--missing-manufacturing [11 Jan. 2015].

—. 2014. *Are services the new manufactures?* Project Syndicate, 13 Oct. Available at: http://www.project-syndicate.org/commentary/are-services-the-new-manufactures-by-dani-rodrik-2014-10 [11 Jan. 2015].

Ruckelshaus, C.; Leberstein, S. 2014. *Manufacturing low pay: Declining wages in the jobs that built America's middle class* (New York, NY, National Employment Law Project).

Shimer, R. 2012. "Reassessing the ins and outs of unemployment", in *Review of Economic Dynamics,* Vol. 15, No. 2, pp. 127–148.

Solt, F. 2014. *The Standardized World Income Inequality Database*, Working Paper, SWIID Version 5.0, Oct.

Stiglitz, J. 2013. *The price of inequality: How today's divided society endangers our future* (New York, NY, W.W. Norton & Company).

Subramanian, A. 2014. *Premature deindustrialization*, 22 Apr. (Washington, DC, Center for Global Development). Available at: http://www.cgdev.org/blog/premature-de-industrialization [11 Jan. 2015].

Teulings, C.; Hartog, J. 1998. *Corporatism or competition? Labour contracts, institutions and wage structures in international comparison* (Cambridge, Cambridge University Press).

United Nations (UN). 2014. *Draft outcome document of the third International Conference on Small Island Developing States,* transmitted to the third International Conference on Small Island Developing States, Apia, Samoa, 1–4 Sep.

United Nations Conference on Trade and Development (UNCTAD). 2014. *UNCTAD Statistics* (New York).

United Nations Population Fund (UNFPA). 2014. *State of World Population 2014* (New York).

Viegelahn, C. Forthcoming. *Structural trends in the labour market: Headwinds or boosts to economic growth?* (Geneva, ILO).

Weinberg, B. 2002. "New technologies, skills obsolescence, and skill complementarity", in A. de Griep, J. van Loo and K. Mayhew (eds): *The Economics of Skills Obsolescence, Research in Labor Economics*, Vol. 21, pp. 101–118.

World Bank. 2013. *Jobs for shared prosperity: Time for action in the Middle East and North Africa* (Washington, DC).

—. 2014a. *Global Economic Prospects: Shifting priorities; building for the future*, June (Washington, DC).

—. 2014b. *The economic impact of the 2014 Ebola epidemic: Short and medium term estimates for Guinea, Liberia, and Sierra Leone* (Washington, DC).

—. 2014c. *World Development Indicators 2014* (Washington, DC).

World Health Organization (WHO). 2014. *Ebola response roadmap: Situation report* (Geneva). Available at: http://apps.who.int/ebolaweb/sitreps/20141231/20141231.pdf [11 Jan. 2015].

Zaccone, J. 2012. *Has globalization destroyed the American middle class?* (Lynbrook, NY, National Jobs for All Coalition).